DANK
U0016012
吾輩はウニである

もずく
スパゲティ

こんぶ
チップス
アオノリ

かまぼこ
ヌードル

泳げメロス

ウミブドウ
ICE

DANK

吾輩はウニである

もずく
スパゲティ

こんぶチップス
アオノリ

かまぼこ〜
ヌードル

泳げメロス

ウミブドウ
ICE

我，想要喜歡自己原本的樣子。

我的名字是章魚次郎。

在學校裡，經常被人取笑是「水煮章魚次郎」，
因為我只要一緊張，就會滿臉通紅。
我既不會讀書，也不擅長運動，甚至連話都說不好。
拜此所賜，打從上國中以來，一直都被人欺負。
我有時會想：這也是理所當然的啦，
要是我有這種蠢蛋同學，應該也會取笑他。

不知道是誰說過，「沒有無止盡的夜」。
再怎麼難熬的日子，總有一天會結束，
閃耀的早晨，終將到來。
所以你也要加油。加油，現在要忍耐。
這句話的意思就是這樣。
的確，國中只要三年就會結束，總有一天要畢業。
可是這三年幾乎就和永恆一樣漫長。
這無止盡的永恆，竟然叫我忍耐？

「拜託不要裝出一副很懂的樣子，說些無關痛癢的話。」
當時我一直是這麼想的。

因為一封信的緣故，我想起了那個夏天。
那是將我從糟糕透頂的日子裡拯救出來、為時大概十天左右的事。
我在公園的角落裡偶然遇見一位寄居蟹叔叔。
叔叔告訴我，
該如何度過彷彿永無止盡的寂寞夜晚。
我步下心中那道長長的階梯，
持續走在那道有著文字光芒映照的臺階上。

如果是叔叔，想必會這麼說吧：
沒有無止盡的夜，
因為你終將穿越寂寞的夜晚，迎向朝陽。
晨曦，正在等待著你。
所以，來吧——

的夜裡
筆

在寂寞
提起

目次

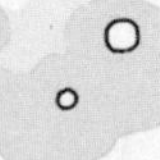

第3章 就算是自己的日記，也有讀者

第4章 探險之劍，冒險的地圖

第5章 我們之所以書寫的真正理由

第6章 當日記成為「讀物」的那一天 242

海底MAP
醫院
海底中學
海底市民公園
白珊瑚之森

海葵草原
紅珊瑚之森

然後，我遇見了叔叔

海底中學裡，只有我是章魚。
明明還有烏賊、螃蟹、
鯛魚、水母或海馬之類的學生，
偏偏只有我是章魚。
「為什麼只有我是章魚？」
「為什麼我會生為章魚？」
從小到大，我不斷這麼想。

最起碼，如果我不是章魚的話，情況一定會有所不同。
比方說，上課時被老師點到。
我站起來，慌亂地翻著課本，
大家的目光都聚集在我身上。

「冷靜，冷靜，要冷靜。」

不論多堅決地告訴自己，還是馬上就滿臉通紅。

「水煮章魚次郎登場啦！」

棒球社的飛魚同學大聲嚷嚷，班上所有人立刻哄堂大笑。

「好了好了，你們不要笑，專心聽講。」

老師用大型三角板敲敲桌子，提醒大家。

到了這種地步，身為章魚的我更是什麼都說不出口了；因為一旦勉強自己開口，墨汁就會從嘴角滲出來。

我頂著一張漲得更紅的臉，等大家的笑聲安靜下來。

常浮現出來的那幾句話也一直在腦子裡打轉。

「為什麼我會生為章魚？」

「為什麼只有我是章魚？」

「為什麼我沒辦法變得跟大家一樣？」

不論是章魚還是我自己，全都討厭透了。

午休時間一到，幾乎所有男生都往操場飛奔而去。留在教室裡的大概就只有我和鯙魚同學、星鰻同學這「回家社三人組」了。我們將兩張桌子併在一起，聊著昨天看過的電視節目、SeaTube 海底頻道或喜歡的漫畫什麼的。

「欸，章魚次郎，昨天那個你看了嗎？」

伸出長脖子找我搭話的鯙魚同學，總是有那麼一點愛裝熟的感覺。明明就在飛魚同學他們面前裝出一副老實樣，但我們三個聚在一起時，卻會擺出老大的姿態。

他們兩個，算是我的朋友嗎？一般人所謂的朋友，就是這樣嗎？我其實不太清楚。

小學的時候，確實曾有打從心底認定是朋友的

對象。但升上國中後，鱘魚同學他們坐上了這個位置——反正也沒有其他人願意坐進來。我別無選擇，所以跟鱘魚同學他們待在一塊。但其實我之前就已經察覺到，我們似乎只是因為這樣而湊在一起。

往窗外一看，飛魚同學那群人正在操場上追著球跑。如果可以的話，我也想加入他們。在學校裡不必畏畏縮縮的他們，連老師都敬而遠之的他們，從來不會被取笑而總是嘲笑別人的他們，會覺得上學很快樂的他們。

「……喂，章魚次郎，你也是那樣吧？」

鱘魚同學和星鰻同學露出銳利的牙齒笑著說。他們剛剛好像說了些什麼有趣的事。臉上堆起禮貌笑容的我，就只是回了聲「嗯」。

一切就從那次為運動會而召開的班會開始。

這是海底中學每年秋季所舉辦的最大活動；而開幕典禮上的最高潮，就是由全校學生代表所進行的選手宣誓。很幸運的，今年的學生代表要從我們班上選出來。

其實根本連票都不用投，這個人選非烏賊同學莫屬。我心裡一直是這麼認為的。他是獲得大家肯定的足球社前任隊長，而且不論讀書還是運動，全都很拿手，也深受老師信賴。運動會的大隊接力，想當然耳會由他擔任最後一棒吧？在這個當下，我眼前已經浮現烏賊同學挺直背脊、以宏亮的聲音進行選手宣誓的模樣。

「如同早上跟大家說的，選手宣誓的代表要從我們班上選出來。大家一起討論看看要由誰來擔任。有什麼推薦人選嗎？」講臺上的蟹江老師這麼說著。

沒多久，飛魚同學便高舉魚鰭站了起來。

「我覺得烏賊同學很適合！」

教室裡響起一陣表示同意的掌聲，烏賊同學雙手抱著胸，點點頭，看起來像是默認這項提議的樣子。接著，壘球社的河豚子同學和長跑接力社的竹筴魚同學也被推舉出

來。這兩人在班上也很有人氣，可說是和「運動會」三個字很搭的人選。

「好，差不多可以進入表決了吧？」

蟹江老師才剛說完，烏賊同學便舉起長長的手站起來。

「烏賊同學，怎麼了？」

「不好意思，請容許我退出。」

教室裡一陣小小騷動。烏賊同學起身時，似乎有那麼一瞬間往我這裡瞄了一眼。

「退出？你……為什麼？」

老師小心翼翼地問。烏賊同學繼續大聲說道：

「我推薦由章魚次郎同學代替我上場！」

我的心跳頓時漏了一拍。

「因為我希望，不只是我們這些運動性社團的人，沒參加社團的『回家社』同學也能對運動會有所貢獻！」

飛魚同學那群人回頭往我這裡看，吃吃竊笑——被擺了一道。大概又是打算跟其他人一起把我當成笑柄吧。女生全都一臉不安地面面相覷。另一方面，鯙魚同學和星鰻同學臉上則沒有半點訝異的樣子，像是在等待暴風雨停歇似的，一直低著頭……看起來，他們兩個早就知道會發生這種事了。

「嗯……也對，的確就像烏賊同學所說的，運動會是大家的活動，要由全校所有人共同來完成。」

老師簡短補充後，像是為了避免事態更加混亂似地環顧教室一圈，「還有其他人要參選嗎？除了推薦別人，也可以自願參加。」只見眾人眼神飄忽、東張西望的，沒有半個人舉手。

「沒有了嗎？如果沒有的話，就開始進行投票囉──」

蟹江老師嚷嚷著，嘴角還噗嚕噗嚕地冒著泡泡。那聲音聽起來簡直就像是希望有誰來幫幫忙似的。

投票結果，我比河豚子同學多三票，當選了代表。

飛魚同學站上椅子捧腹大笑。聚集在河豚子同學身邊的女生裡，有一個朝著飛魚同學丟了一句「爛透了」；竹筴魚同學用力捶了自己的桌子一記，大喊一聲「上廁所！」後，便走出了教室。「真假？」「這樣行嗎？」「這下子該怎麼辦？」一陣騷亂中，各種聲音傳進耳裡。嘈雜的教室內，只有烏賊同學雙手抱胸，靜靜閉上眼睛。

接下來發生了什麼事，我已經不太記得了。

蟹江老師先生發了志願調查表，要大家下週結束前交回。然後好像又提到了什麼親師三方面談、期中考，以及最近有人看到可疑人士之類的事。總之，蟹江老師的聲音聽起來既遙遠又模糊。

班會一結束，飛魚同學那一大群人便走出教室。鱒魚同學和星鰻同學像是要追上他們腳步似的，也跟著離開了教室。

「章魚次郎那張臉，看到沒？」

走廊那頭傳來飛魚同學的聲音。所有人都配合他的話，不斷哈哈大笑；鱒

魚同學那打嗝似的笑聲也夾雜在其中。我「那張臉」到底是什麼臉？果然是滿臉通紅吧？運動會的時候，是不是也會一樣紅通通的？然後又被大家取笑是水煮章魚？教室裡只剩我一個人，緊緊捏著手裡的志願調查表。我越是想著不能哭，眼淚就越是止不住地湧了上來。

隔天，我在和平常一樣的時間醒了過來，像平常一樣吃了早餐、在一樣的時間出門、搭上同一班車。

公車上的景象也一如既往，沒有任何改變。看起來聊得很開心的學生、自顧自滑著貝殼機*的學生、翻看單字卡的學生、打著盹的學生。所有人隨心所欲地度過這段抵達學校前的短暫時光。一如往常的學校生活，正要揭開序幕。

「海底中學站——海底中學站到了。」

司機的聲音透過擴音器傳來。公車到站，大家陸陸續續下車。我才打算起身，但就在手碰到書包的那瞬間，全身卻無法動彈——飛魚同學穿過校門的身影，正映入我眼簾。

——我沒辦法。

來到校門口之後，我才終於察覺到。

不論是見到飛魚同學，還是走進那間教室跟大家一起上課，或是再度被取笑是水煮章魚，我都絕對無法再忍受了。

伴隨著一陣微微想吐的感覺，我的肚子開始刺痛。淚水湧了上來，但究竟是因為噁心腹痛的關係，還是有其他原因，我的腦袋已經亂成一團，無法分辨了。

「……你沒事吧？」

公車起步時，隔壁的金眼鯛奶奶探頭往

＊ shell phone，這裡取了「cell phone」的諧音。

我這裡看。

「啊……沒、我沒事。」

「是嗎？不舒服的話，要說喔。」

老奶奶沒再多說些什麼，重新戴好她那副粉紅色的大眼鏡。感覺已經好一陣子沒聽過大人如此溫柔和善的聲音了。老奶奶的視線落在雜誌上，公車就這麼往前行駛，抵達了終點的市民公園站。我終究還是沒辦法比老奶奶先下車。

海底市民公園是鎮上外圍的一座公園，位置有點偏遠。

我在老奶奶後頭下了公車，穿過茂密的海草進

入公園內，廣場上已有許多媽媽帶著孩子前來遊玩。我在茂密的海草堆裡找到一塊合適的白色岩石坐了下來，看著那些孩子，那些盪著鞦韆、在攀爬架上鑽來鑽去，或是和媽媽一起玩球的孩子。

「我也有過跟他們一樣的時候呢。」我心想，而且總有一點難以置信的感覺，彷彿自己從很久很久以前開始就一直是個國中生了。

貝殼機顯示來電。

雖然是不認識的號碼，但想必是學校吧。現在這個時間，大家應該正在上課。第一節是數學，第二節是國文。沒辦法拿選手宣誓這個哏來嘲笑我，飛魚同學他們或許會很失望，但說不定他們早已經忘了選手宣誓這回事；又或者，可能連我蹺課都沒發現。一想起大家面向黑板的模樣，胸口就一陣刺痛。我確實曾好幾次裝病請假，但是像這樣無故缺席，卻是頭一回。要是警察發現我在這裡的話，會把我帶去警局嗎？正在上班的爸媽會接到通知吧？媽媽可能會哭出來？我越想，腦子越是一團亂。

我在岩石上躺了下來。

仰望海面，陽光折射出亮閃閃的光芒。孩子們在廣場上奔跑嬉鬧的聲音漸漸下去呢？

遠去。啊——實在是太舒服了。真是平靜、漂亮呀。這樣的時光能不能永遠持續

正想著，手中的貝殼機又響了。

——是剛才那個號碼。

住手！不要把我帶回那裡！

我再也不想去學校了。

我也不想回家。

好希望自己乾脆就這樣消失不見——

「差不多可以下來了吧？」

屁股下方突然傳來模糊的聲響。我急忙跳開，只見岩石下一對閃閃發亮的大眼睛盯著我看。

「哇！對不起！」

這是怎麼回事？原來我當成石頭躺下的地方，是個巨大的寄居蟹殼。聲音的主人就是寄居蟹叔叔。叔叔將好幾隻彎

曲的手腳往殼外伸展開來，身心暢快似地一邊伸懶腰，一邊說道：

「……所以，你說你不想去學校，是嗎？」

「咦？不是、為什麼？」

叔叔笑著說：

「唉呀，不是啦。你剛才把心中的煩惱全都說出來了呀。」

我不由得滿臉通紅。原來是這樣啊。沒想到自己竟然有這種毛病，不曉得被叔叔聽到了多少。

「欸……那個，不好意思。我明天開始會好好去上學的，所以請你……學校那邊……」

「放心，我不會告訴任何人的。然後呢，不管是明天也好，後天也罷，你

想休息多久就儘管休息多久吧。」

「……咦？」

叔叔對著納悶的我繼續說道：

「你看那裡……對面的那些長條椅。你看到一個人來這裡的那些大人沒？」

「嗯。」

確實是，廣場另一頭的那排長條椅上，看得到好幾個什麼事都沒做，只是靜靜坐在那裡的大人。

「這座公園呢，對孩子們來說雖然是開心的遊樂場，對大人們而言卻是個安靜的避難所。」

「避難所？」

「對。就像你蹺課跑來這裡一樣，大人們也都想遠離殘酷的現實，才會來到公園裡避難。」

「……蹺班嗎？」

「總是有這樣的大人吧。」

「蹺班後……在那邊做什麼啊？」

「享受獨處的時光啊。」

「享受……獨處？」

這位大叔到底在說什麼？沒去上課、自己一個人待在家的時候，我總是感覺心慌、胸口陣陣刺痛，對於裝病請假這件事有種愧疚感；同時，還會有種被遺棄似的感受，好像所有人都離我遠去般焦慮不安，很難有任何享受的感覺。當然現在也一樣。

「我討厭獨處。叔叔你一定是不知道什麼是真的孤單，才會那樣說！」

「我知道啊。」

「啊？」

「大叔我啊，從以前就是孤單一人；現在說不定也能算是孤單一人啦。不管是只有自己一個人的寂寞，還是獨處的可貴，我都深有體會。」

「……寂寞，和可貴？」

「寂寞呢，有小孩的寂寞和大人的寂寞兩種。想必你現在才要開始認識所謂『大人的寂寞』吧？」

伴隨著「轟——」的聲響，洋流漸漸增強。

叔叔默默看向上方。

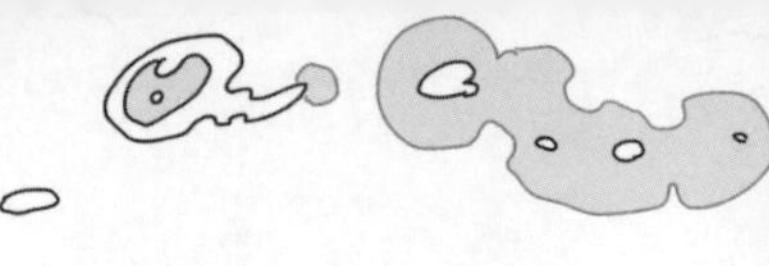

直到剛才，海面上還滿是亮閃閃的光芒，現在卻宛如已消逝的夢境般覆蓋在陰影之下。原本在廣場上玩耍的孩子全都被媽媽一把抱在懷裡，急急忙忙地準備回家。

「暴風雨似乎要來了。」

「……嗯。」

接著，有隻小小的水母從叔叔身體和貝殼的縫隙間露出臉來。

「喔，知道了，知道了。差不多要回去了。」

叔叔對水母說完，便開始窸窸窣窣地把腳彎起來，準備進入殼中。

「欸？不是、等一下……」

「你也趕緊回家吧，這場暴風雨會很凶猛喔。」

叔叔說完這些，便鑽進貝殼裡了。

「等等、等一下！喂，叔叔！」

真是沒禮貌的寄居蟹！竟然自顧自地說完就逃回窩裡去！氣憤的我「叩叩叩」地用力敲著貝殼，剛才看到的水母探出頭來，貝殼稍微抬高了一些些。

「叔叔呢？」

水母不發一語，對我招了招手。

「是叫我進去的意思嗎？進去這裡面？」

雖然看不出表情，但水母似乎點著頭。只不過，說要叫我進去，但這麼小的屋子到底是要怎麼……就這樣，在水母的邀請下，我伸出右腳，滑進了叔叔家。

「哇——」我不由得發出讚嘆。

水母邀我進入的叔叔家，沒想到寬廣到幾乎看不見對面的牆。頭頂上方還有散發出青白色亮光的水母，悠然自在地隨著洋流飄動。這麼小的貝殼，究竟是怎麼蓋出這麼寬敞的房子？

「太——厲害了。這是怎麼回事？」

即使問了水母，也得不到答案。

「哎呀哎呀，我還以為是誰呢，原來是你啊。」

身上沒有殼的叔叔，看起來比剛才小了很多。帶路的水母似乎很開心的樣子，在叔叔身邊不停游來游去。

「真是的，都不曉得要小心門戶，真是傷腦筋。這傢伙就是調皮。也罷，一直關在這房間裡，他可能也想要認識朋友吧。對了，你的名字是……」

「章魚次郎。」

「這樣啊，是個好名字呢。好吧，既然來了，就先待在這裡休息一會兒，等大海平靜了再說。」

「那個，叔叔，這間屋子是怎麼回事？為什麼你的貝殼屋看起來這麼大？所有寄居蟹的房子都是像這樣嗎？」

「不不不，才不是『看起來』很大，而是真的很大喔。」

「不只是看起來很大？」

「當然囉。我想想……這裡說不定比大海還遼闊呢。」

比大海更遼闊的屋子？我再次環顧四周。確實是，既看不到牆壁，也看不到天花板，海潮也很順暢地在流動。要是跟我說這是夜晚的大海，我說不定真的會相信。只不過，頭頂上雖然有很多水母游來游去，卻看不到半條魚；就連珊瑚、海草、礁岩，也完全找不到。這樣的話，應該真的是在屋子裡吧。

「嗯，章魚次郎，也許你現在還無法相信，但你的房間應該也像這裡一樣寬敞喔。」

「咦──我的房間超小的耶。光是一張桌子和一張床就幾乎塞滿了，就算想在房間裡練習揮棒也絕對不可能。」

「你看看那個。」

叔叔看向上方。

「你看，是不是有很多語詞在游動？」

哪有什麼語詞在游動。在那裡游來游去的，只有一些青白通透的水母而已。

「其實呢，這間屋子既是我的家，也是我的腦袋喔。」

「思考」不同？

第 1 章

「想」與哪裡

為什麼一說出口就會覺得暢快？

在這個分不清是大海還是屋子的無邊黑暗裡，叔叔的話讓我難以消化。

我確實走進了叔叔的貝殼屋沒錯。

在小小水母的邀請下進來了。

但貝殼裡有個「比大海還遼闊」的空間，然後叔叔說這裡也是他的腦袋？

「章魚次郎，你應該還覺得很困惑吧？」

叔叔溫柔地對我說著。

「你本來就已經一副心事重重的模樣了。」

對了，剛才我躺在岩石上自言自語，結果心裡想的那些事全都被聽見了。那塊石頭其實就是叔叔背上的殼。

「你最後是這麼說的吧：『好希望自己乾脆就這樣消失不見。』為什麼你會這麼想呢？」

「也沒有啦，嗯……那是……」

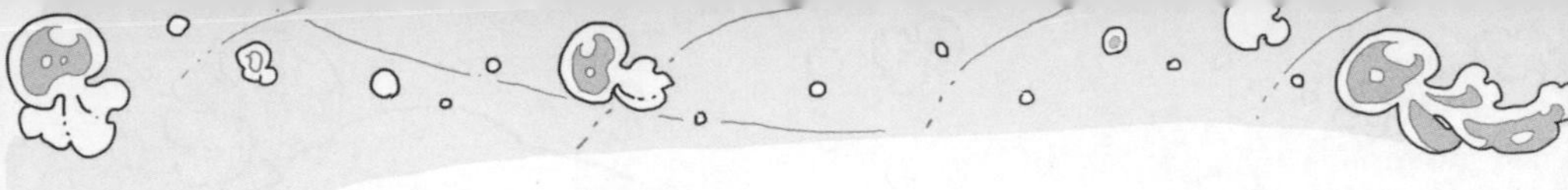

「沒關係，不用勉強。你不想說的話，我也不會多問。」

腦子裡轉個不停，亂成一團。既不想說，也不願再去想。說真的，究竟該從何說起，我也搞不清楚。

「覺得好像……變得怎樣都無所謂了。」

「什麼事怎樣都無所謂？」

「全部……」

不對。完全不是這樣。說話的同時，我心裡也這麼想著。但我找不到其他的話來表達。

「沒關係，從哪裡開始說都行。枝節片段也可以，想到哪說到哪也沒問題。只要你願意告訴我，我就會聽你說。」

在叔叔沉穩和緩的語調鼓勵下，我開了口。

「嗯……那個……」

我只要一緊張，就會滿臉通紅。要是更緊張的話，嘴角還會滲出墨汁。所以我一直被大家取笑、欺負。老師和媽媽其實都知道，可是他們都當做沒看到。然後昨天啊，要決定運動會選手宣誓代表的時候呢，大家串通好選我出來。到真的要宣誓的時候，我一定會變成水煮章魚的。根本就是打算在全校所有人面前嘲笑我嘛！飛魚同學他們都計畫好了，就連鱘魚同學和星鰻同學也聽他們的。然後，今天原本打算要上學，但我沒勇氣下車，旁邊的金眼鯛奶奶還為我擔心，我來到這個公園，貝殼機響了好幾次，我已經受夠了，好想就這樣消失不見，所以、所以、所以、所以……

我覺得自己並沒有充分表達出心裡想說的。淚水一湧而上，喉嚨深處像是被勒住似的，沒辦法好好說話。越是想說出口，聲音就越容易失控；而且墨汁果然又滲了出來，覺得自己越來越淒慘。

「謝謝你。這些事想必很難受。謝謝你告訴我。」

直到我雜亂無章地把話說完為止，叔叔都只是靜靜聽著，並沒有插嘴打斷我。即使說到一半卡住了，他還是耐心地等我繼續往下說；就算離題了，也沒有試圖糾正我。絲毫沒有給人敷衍、隨便聽聽的感覺。我想我應該是第一次遇到這樣的大人。

「呵呵。」

我不自覺笑了出來。

「怎麼了嗎？」

「就是……我竟然像這樣，對著頭一次見面的人，把『所有的事』說出來。連我自己都嚇了一跳。」

「哈哈哈，的確是才剛認識沒錯。關於把所有的事情說給我聽，你覺得後悔嗎？」

「不會。反倒有一種暢快的感覺。」

這完全是我的真心話。我把那些只能說給自己聽的事，全都告訴了叔叔。說的過程很痛苦，腦子裡也亂七八糟的，但在我把話說完、稍稍冷靜下來的現在，心裡卻覺得很爽快。

「呀——真是太好了。這樣的話，問題解決，是不是讓你覺得一切都沒事了？」

「呃，也不是這個意思……」

那是當然的。我只是把話說出來而已，問題完全沒有解決。只要去了學校，就會遇到飛魚同學那些人，我又會被欺負，我的臉一樣會變得紅通通，被迫在運動會上代表選手宣誓，然後在全校所有人面前成為笑柄。但就算是這樣，我現在的心情還是變輕鬆了。

「很可惜，叔叔無法介入你和朋友之間的關係。要是我有什麼能做的，大概就只有聽你說了。現在，你將自己的事說給我聽，光是這樣，心裡就能變得輕鬆一點，那種想消失不見的心情也沖淡了。」

「嗯，可能和剛才不太一樣了。」

「你不覺得很神奇嗎？現實狀況明明沒有任何改變，問題也完全沒有解決，心情卻有了這樣的轉變。這是怎麼回事呢？」

「應該是……有叔叔聽我說話，讓我覺得很開心的緣故吧？因為平常沒有人會這麼做。」

「嗯，應該也有這個原因吧。有人願意聽自己說話是很開心沒錯，要是對方能表示贊同，或是親切友善地給予回應，就更令人高興了。不過，真的只是因為這樣嗎？章魚次郎，『能把心事說出來』這件事本身應該就足以讓你開心了吧？也就是說，在『有人傾聽』之前，你其實已經先感受到『轉換成話語』的喜悅了，不是嗎？」

「轉換成話語的喜悅？」

「是啊，我是這麼想的。只要把話說出口，就會感到暢快。這不就像是在腦中好好進行一番大掃除後感受到的清爽嗎？」

「未成話語的泡沫」和語詞水母

「在腦中進行大掃除？」

「對。實際讓你看看應該比較快吧？」

叔叔一說完，便拿起背上的手電筒，按下開關。

手電筒光線的前方，有顆乳白色球體正漂浮著。大小應該和學校教室差不多吧。但因為太遠了，無法明白到底有多大，整體輪廓也不明顯。

「那個……是什麼東西？」

「是在我腦子裡打轉的『還沒組成話語的念頭』。我姑且稱它為『未成話語

的泡沫』。」

「未成話語的泡沫？那是泡沫？」

「是啊。從這裡看的話，感覺像是一團渾濁的東西，但只要靠近點看，就會知道是一堆小泡沫聚集在一起。我們靠近一點吧。」

在叔叔的慫恿下，我往球體的方向靠近。的確是各種大大小小的泡沫聚集在一起，而且也如同叔叔所說的，那些泡沫像漩渦般不停打轉；更令人吃驚的是，有好多水母鑽進那團漩渦裡，努力將泡沫搬運出來。

「那些水母在做什麼？」

「啊啊，那些可不是普通的水母喔。他們叫做『語詞水母』。」

「語詞水母?!」

「對。我的腦子裡，還有你的腦子裡，都有很多『還沒組成話語的念頭』變成的漩渦。這些就是未成話語的泡沫。而且那些泡沫——也就是念頭——要是放著不管的話，會不斷增加，而且會增加到讓整個腦子都變成一片渾濁，霧茫茫的什麼都看不清楚。所以才要像這樣，交給語詞水母去整理乾淨。」

「等一下等一下，我聽不懂欸！」

打轉的念頭？未成話語的泡沫？整理念頭的語詞水母？叔叔到底在說什麼？

無視於我的滿頭霧水，泡沫持續形成巨大的漩渦，水母再將泡沫運送出去。

「你會覺得困惑也是很正常的，因為大家都沒看過自己腦袋裡到底是什麼樣子。不過，你的腦子裡也有一片像這樣的景色喔。」

「有泡沫？也有水母？」

「是呀。剛才你把自己的事說給我聽，對吧？」

「嗯。」

「在那個當下，你的腦中就有許多語詞水母正努力地把泡沫運出去，把你的念頭轉換成叫做『話語』的東西。多虧了他們，腦袋裡的渾濁才稍稍變乾淨了一點。所以說，你會覺得暢快，其實是那些『打轉』的東西消失不見的結果。」

像是被一場大型魔術表演唬得一愣一愣似的，我心裡充滿疑惑，叔叔所說的話也完全進不了我的腦袋。我倒不認為叔叔是在開玩笑或說謊。事實上，我覺得用「打轉的東西」來表示那些難以言喻的心情，其實是非常貼切的。

「可是，如果叔叔的話都是真的，那麼語詞水母要把泡沫搬到哪裡？」

「好吧！能讓我坐在你背上嗎？我們一起跟著水母去瞧瞧吧！」

「想」和「說」之間的距離

我背起叔叔往前游。看似小心翼翼捧著泡沫的語詞水母們，全都游向上方的某處，在那裡列隊。過了一會兒，我看見很遠很遠的地方有個小小的亮光。所有語詞水母似乎都朝著那個光點游去。

「要送去很遠的地方呢。」

我對背上的叔叔說。

「是啊。『想』和『說』之間的距離，出乎意料的遙遠呢。」

「距離？『想』和『說』之間？」

「對。譬如說，你們班上應該也有那種很愛說話的同學吧？就算在上課，也會不斷發言，想展現自己的領導能力；連下課時間都會說些有趣的笑話之類的。」

「嗯。飛魚同學就是那這樣。我覺得，如果有辦法像那樣說話，心情應該會

很好吧。」

「章魚次郎，這麼說來，你應該是話不多的類型吧？」

「該說是話不多，還是不擅長說話……應該是我的腦袋不靈光吧。很難好好表達自己想說的話，就算被欺負也沒辦法回嘴。因為回不了嘴，所以只能保持沉默，結果就更讓人看扁了。」

「章魚次郎，事情不是那樣的。之所以沒辦法好好表達想說的話，並不是因為腦袋不靈光。像飛魚同學那樣的孩子，不過就是『想』和『說』的距離比較近而已。」

「……啊。」

和叔叔對話的當下，我們已經游到光點附近。只見黑漆漆的牆壁上突然裂開了一個大洞，刺眼的光線從那裡照進來。語詞水母們很有規矩地排著隊，把泡沫往外推。

「語詞水母就是像這樣，幫我把念頭釋放到外面的世界去。多虧了他們，我們才能將自己的想法說出來。」

「那些泡沫變成話語後被送出去？」

「那邊裂開的大洞，你可以把它想成是我的嘴巴。」

「嘴巴在那麼遠的地方？」

「是呀。我所說的話，全都是從這個洞出來的。至於章魚次郎你呢，在距離腦袋中心較遠的地方，也有個一模一樣的洞，而且說不定比我這個洞的位置更遠。」

「那我……」

「只是『想』和『說』之間的距離遙遠罷了。不過就是把話語傳送出去比較花時間而已，絕對不是什麼腦袋不靈光。」

我往發光處一看，那些語詞水母正在雜亂地重新整隊。

「……那是在做什麼？」

「在思考釋放語詞的順序，也就是說話的順序。在思考的過程中，語詞難免會塞車，不過這也是試圖把話說得小心謹慎的證明喔。」

「語詞會塞車？」

「像飛魚同學那樣的孩子，是一想到什麼，就會劈里啪啦說出來的人吧？另一方面，像我或你這樣類型的人，想說的話有時會塞車。這不是怎樣比較好的問

題，而是性格或個性的緣故。因為說話沒辦法滔滔不絕，所以如何如何的事，根本沒什麼好在意的。」

我的確常常不知道該從哪裡開始、該說些什麼才好。語詞水母在洞口附近塞成一團。該怎麼說呢，這種感覺就像被迫透過鏡子，看著那個沒辦法把話說好的自己。

「好了，讓你一直這樣背著很辛苦吧？我們差不多可以下去了。」

「不能告訴任何人的事」要向誰說？

「……可是啊，叔叔。」

我一邊背著叔叔往下游，一邊說著。

「我剛才把心裡的話說給你聽了，對吧？我覺得這應該是自己頭一次像這樣全部說出來。至於為什麼能全部說出來，應該是因為叔叔你很有耐性地等我把話說出口，而且很認真聽的緣故。」

「原來如此。然後呢？」

「可是啊，如果真的是這樣的話，不是反而很讓人絕望嗎？因為沒有任何人會像叔叔你這麼有耐性地聽我說話。不論是學校的朋友還是老師，大家都把我當成笨蛋，連一句話都不會聽我說。到最後，我只能一直抱著那些『打轉的東西』。」

「原來是這樣，你是要說這個啊！」

叔叔從我背上下來，緩緩踏在地上。

「的確，必須有個聆聽的對象，『說話』這件事才有可能成立。擁有能聽自己說話的朋友，確實是件很棒的事，對吧？但遺憾的是，我們並非隨時隨地都能找到這樣的對象。我自己也一樣，要找到能讓我對他說出所有心事的好朋友，真的很難。」

「叔叔也是嗎？」

「當然。烏賊同學或飛魚同學他們應該也一樣吧。就算是朋友，也不是都能無話不談。我認為，即使是他們，應該也有『不能告訴任何人的事』。」

「那要怎麼辦才好？難道就這樣不對任何人說、沒辦法跟任何人商量，也沒辦法組成話語，只能抱著那些未成話語的泡沫不斷忍耐嗎？」

不。叔叔搖搖頭。

「遇到沒有商量的對象，或是不能跟別人討論的內容時，只要跟自己商量就可以了。」

「跟自己商量？」

「對。就拿你為學校的事煩惱來說吧。當你察覺到這樣的自己時，可以輕輕地對自己說：『怎麼了？可以的話，我願意聽你說喔。』」

這時，好多語詞水母衝進漩渦，將未成話語的泡沫運送出去。雖然我不明白這整個架構是怎麼運作的，但大概知道是怎麼回事。一定是叔叔正在思考很多很難的事，並打算轉換成話語的緣故。這讓我害怕問下一個問題。

「呃……那個『對自己說』，是要怎麼做？」

「用寫的呀。」

叔叔微笑表示。

「所謂的書寫呢，其實就是跟自己對話。」

寫下來，與自己對話

「跟自己……對話？」

「你剛才把自己的事說給我聽了對吧？這就是話語有趣的地方。事實上，那時候的你在跟我說話的同時，也是在跟自己對話唷。」

「啊？這是什麼意思？」

「來，你想想看，你在跟別人說明某些事情的時候，是不是也曾突然意識到『喔——原來自己的想法是這樣啊』？你應該有類似的經驗吧？也就是察覺到自己在轉換成話語前一直沒有發現的真正想法。」

「啊……」

的確是那樣。剛才跟叔叔說話的同時，我才

發現自己打從一開始就不喜歡鯙魚同學和星鰻同學。明明不喜歡，卻因為害怕孤單，而跟他們湊在一起。

「……好像……有時會這樣。」

「從某種意義上來說，這就是跟自己對話：將自己的想法變成語言，聽著那些話語，接納自己『原來是這麼認為』的想法，並透過自己所說的話認識自己。也正因為如此，真正有內容的對話其實是刺激又有趣的。」

「嗯……我似乎可以體會。」

「只不過，最能增加自我對話深度的，是寫文章的時候。」

「怎麼說？」

「剛才你看到語詞水母運走了很多泡沫吧？」

「嗯。」

「那麼，你認為當我們將想法寫成文字時，語詞水母會把那些語句送去什麼地方？」

「不是剛才的洞口嗎？」

「不是喔。那是說話專用的出口。」

「呃——那我怎麼會知道呢？這屋子的配置根本沒有規則可循。」

「啊哈哈……好像是呢。這樣的話，我們一起去看看答案吧……我相信你也一定會喜歡。」

叔叔再次拿起手電筒，往不同於剛才的方向照過去。

「也太——酷了吧！那是什麼?!」

手電筒所映照的前方，是一整排有如城牆般聳立、延伸到很遠的遠處，而且高不見頂的巨大書櫃。書櫃上塞滿了書，青白色的語詞水母正努力整理那些書。

「這些，全都是叔叔的書？叔叔，你讀過這麼多書啊？」

「不是啦，這些並不是真正的書。雖然外觀看起來像書，但這些全都是我的『思想』。」

「叔叔的思想？」

「對，把自己的想法寫成文章的時候，像泡沫般不確實的『尚未組成話語的念頭』，就會轉變成具備形體的『思想』。接著，語詞水母就會將它們收納進書櫃，也就是這些形狀像書一樣的我的思想。」

「啊？」

「寫」和「說」有何不同？

「欸欸欸等一下等一下！」

排在書櫃上的都是叔叔的思想？叔叔思考過這麼多事情？再次仰望這一大排書牆，我頭都暈了。

「叔叔的話，還有這排巨大的書櫃，我完全搞不懂是怎麼回事！」

「這部分還是跟你說明得詳細點比較好。該從哪裡開始呢？」

「先好好說明一下這排書櫃吧。」

「嗯。剛才你跟我一起追著語詞水母跑，對吧？」

「對。還有那些從嘴巴送出去的話語。」

「沒錯。在那裡看到的話語，是當場就會消失的泡沫。把腦子裡想到的事情就這樣透過嘴巴送出去後，『啪』地一下馬上就會消失。那種話語，是以傳達為目的。」

「……像泡沫一樣消失嗎？」

「對。現在你和我的對話，也是泡沫的話語。送出口，然後立刻就消失，而且消失的泡沫無法再恢復原狀。不過，因為有這種泡沫，我們才能更輕鬆自在或更隨意地將想到的事直接說出來；也因為這樣，所以儘管我們可以開心地聊上好幾個小時的天，但到底聊了什麼卻幾乎記不太起來。這是所有的一切都會隨著泡沫消失不見的緣故。」

「原來如此。確實，聊了很多話之後，雖然記得『好開心！』的感覺，卻常常忘了彼此到底說過什麼。」

「另一方面，說了好幾個小時的話，跟寫了好個幾小時的字完全是兩回事。不論再怎麼擅長寫東西，要是連續寫上好幾個鐘頭，一定會感覺精疲力盡。這是因為要寫下來的字詞並不是泡沫的緣故。」

「為什麼不是泡沫就會覺得很累？」

「這正是『想』和『思考』的差異。關於這部分，可能要用實際的例子解釋給你看比較好吧。」

叔叔話音剛落，突然開始用奇怪的聲音說起話來。

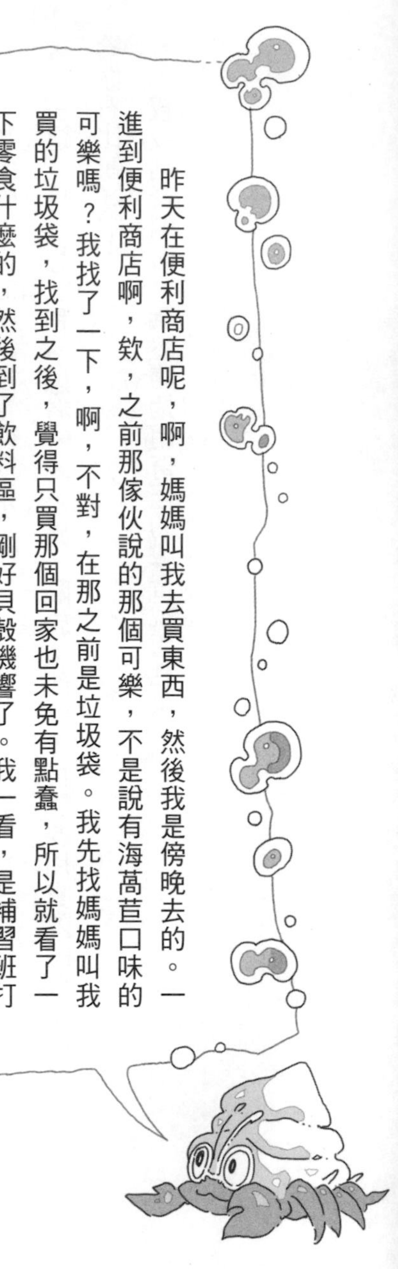

「……像這樣，就是常見的『泡沫的話語』。」

「嗯嗯。飛魚同學說話就像這樣。」

「說話不在乎順序，想到什麼就說什麼，然後再視情況修正或補充，可以很自由自在地說。而且也因為是面對面說話，這種方式不但可以充分溝通，另一方面，甚至會因為說話的語氣和力道，使對話變得有趣。不過這段話要是原封不動寫成文字的話，會很難閱讀吧。」

「嗯。我覺得會亂七八糟。」

「如果要寫成文章，就要進一步整理內容，也就是必須一邊思考，一邊寫下來。例如像這樣。」

> 昨天，我去了便利商店，因為媽媽叫我去買垃圾袋。找到指定尺寸的垃圾袋之後，我打算順便買點自己的東西。除了想買宵夜，還想到之前朋友提過的海萵苣口味可樂。正在挑選餅乾、飲料的時候，貝殼機突然響了。點開一看，是補習班打來的。我提心吊膽地接起電話，原來是我把字典忘在那裡，通知我去拿。我大大地鬆了一口氣。因為上週考試時我無故缺席，還以為一定是來要求我補考。

「的確是。和剛才說話的內容完全不同，有整理過的感覺。」

「要思考當時的自己處於什麼狀況、發生什麼事、想到什麼，否則連這樣的文章都寫不出來。」

「跟想到什麼就說什麼不一樣呢。」

「是的。不含『思想』的說話內容，要多少就有多少。但另一方面，不可能存在不包含『思想』的文章。」

「意思是說，不思考就寫不出來嗎？」

「是啊。你也覺得書寫很費事吧？」

「嗯，很麻煩。」

「為什麼覺得麻煩？」

「你看嘛，要一直拿著筆，用手一個字、一個字在本子上寫得密密麻麻的，麻煩死了。」

「不是這樣的。我們並不是因為寫的時候『要動手』所以感到麻煩，而是因為『要動腦』才覺得麻煩。為了要寫些什麼，必須認真思考相關的內容才行。對於『思考』這道工夫，大家都覺得費事，因為書寫，就是思考。」

「書寫就是思考？」

「對。或是你要說『思考就是書寫』也無妨。」

思考即是試圖找出「解答」

「不不不，這種說法未免太誇張了啦。我們有時候也會什麼都不說、什麼都沒寫，就只是靜靜地想事情，不是嗎？話說回來，平常大家不也都說這是在『思考』嗎？」

「的確。這其實牽涉到我們到底怎麼定義『思考』這個詞彙。譬如說，章魚次郎，你認為『思考』和『想』有哪裡不同？」

「欸？『思考』和『想』？……我不知道耶，『思考』感覺起來比較聰明的樣子；還是說，感覺比較難？」

「那麼，你回想一下自己的情況好了。一般來說，你會認為自己什麼時候『在思考』？」

「這個……說不定也沒有那麼常在思考，嗯……考試的時候嗎？要解答很難的數學題目時，確實有在思考喔。」

「沒錯！很棒的答案！我認為你剛剛所說的這些，已經將『思考』的全貌都

包含在其中了。」

「什麼意思？」

「就像你剛剛所說的呀。『思考』和『想』的差異之處，就在於『試圖找出解答』。」

「試圖找出解答？」

「就是這樣。以數學來說，試圖解開題目時，我們會思考，而且會拚命地思考。因為光只是『想』的，並無法找到解答。對吧？」

「嗯。」

「這種說法不只限於考試。不論是學校、朋友、家庭，還是未來，所有的思考都是為了找出『解答』。而且不管任何問題，只要認真思考，總有一天會找到答案。當然，就跟數學一樣，也會有答錯的時候，或是就結果來看並不正確。不過只要具備思考能力，就有辦法找出屬於自己的解答。」

「如果是這樣的話，我也有在好好思考啊！不管是學校的事，還是將來的出路，都有認真在思考喔！可是我實在不知道答案啊。要是照叔叔的說法，難道這表示我完全沒在思考嗎？」

「關於這部分，你剛才提到一個重要的關鍵：解數學題目時要思考。那麼你具體說說看，你是怎麼進行解答的？」

「數學題嗎？」

「比方說，有個題目是『16 × 21 × 43』。問題本身沒什麼特別的，就只是乘法而已。不過，光用心算應該很難算出答案，對吧？」

「嗯，很難。」

「換個角度，如果用筆算，也就是邊寫邊算的話，應該就很容易就能找出答案了。」

「……大概吧。」

「事實上，思考數學以外的問題也一樣。打個比方，假設你和朋友吵架了，你煩惱著不知該怎麼跟對方和好。這時候，如果只是坐在那邊一個勁地想，就會像試圖用心算解答難題一樣，腦子裡不但會亂成一團，也很難找到答案。但是只要換個方式，把自己的感受一一寫在紙上就會比較清楚，就像筆算那樣。」

「像筆算那樣……寫文章嗎？有什麼特別的寫法嗎？」

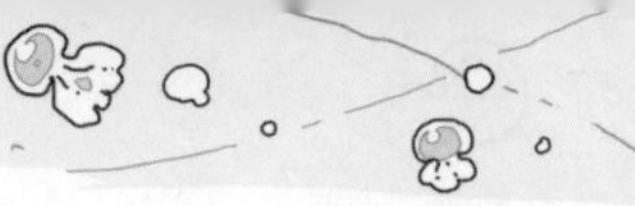

「沒有，像平常那樣寫就可以。筆算，也就是寫算式的時候，我們是在完全不知結果是什麼的情況下就這樣開始的，對吧？同樣的，先寫寫看再說。一邊寫一邊思考。只要這麼做，終究會找到屬於自己的解答。」

「為什麼？文章和算式可是不一樣的喔！」

「……章魚次郎，你記得自己的筆盒裡有哪些東西嗎？因為那裡頭應該有個提示。」

我們都有「橡皮擦」

「筆盒裡的東西？」

「你的筆盒裡有什麼東西呢？」

我想了一下自己筆盒裡的東西：有自動鉛筆、三色原子筆、螢光筆、橡皮擦、尺、圓規、鉛筆芯，然後還有便利貼、小夾子什麼的，但看起來好像都沒什麼關連的樣子。

「裡面沒什麼特別的東西啊！自動鉛筆、原子筆、橡皮擦……」

「就是這個。」

「咦？」

「說話和書寫最大的差異，就在於有『橡皮擦』。」

「橡皮擦？」

「沒錯。書寫和說話不同，有橡皮擦可以用，也就是可以不斷修改。即使是用電腦或貝殼機輸入文字也一樣。直到發送出去之前，輸入手機的訊息都可以不斷修改，對吧？」

「是這樣沒錯啦……但這有什麼重要的嗎？」

「說話可是沒有橡皮擦能用的喔。所以很容易一不小心就出錯，也就是所謂的『失言』。章魚次郎，你應該也有那種原本沒那個意思，卻一下子脫口而出的經驗吧？」

……有。去年春天，我在學校被欺負，一回到家，我馬上躲進房間裡。結果媽媽跑進來一直追問：「怎麼了？」「是不是在學校發生了什麼事？」「要不要媽媽去找老師商量一下？」最後實在覺得太煩人了，我忍不住大吼：「爸爸和媽

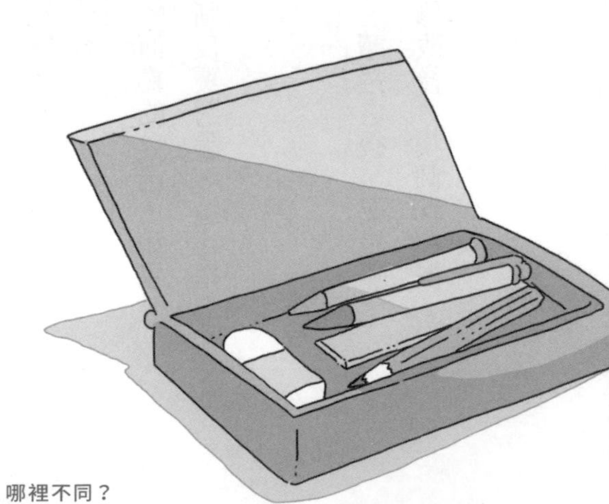

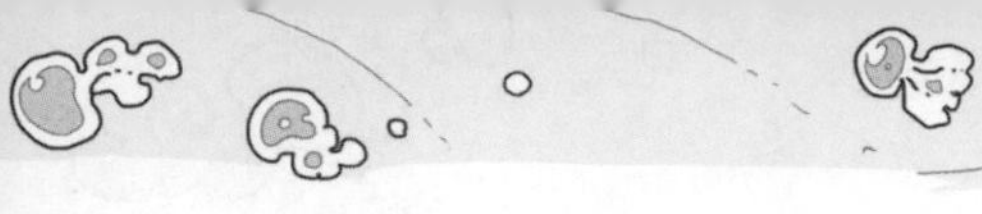

媽如果不是章魚的話就什麼事都沒有了啦！」

聽到這句話，媽媽紅了雙眼，就這樣走出房間。光是回想起這一段，我的心就揪成一團。

「話一旦說出口，就不可能再收回。這就是說話最可怕也最難的地方。而且當自己知道不經意脫口而出的話傷到誰的時候，會無法原諒自己。」

「……是這樣沒錯。」

「可是呢，用寫的就不必害怕了。你看，我們有橡皮擦嘛。不必給任何人看，只要重寫就好，直到自己能接受為止。和說話完全不一樣吧？」

「……嗯，不一樣。」

「寫了又擦，擦了又寫。心中想著『大概是這種感覺？』而寫的自己，和覺得『不對，應該還有其他很多說法』而用了橡皮擦的自己不斷反覆討論，這正是一種自我的對話。」

「你是說『重寫』嗎？」

「是啊。只是動筆寫的話，無法明白自己的感受。寫完、讀過之後，要是覺得『不是這樣』，就用橡皮擦擦掉，繼續再寫。像這樣反覆修改後，我們就會慢慢接近答案。就像解算式一樣。」

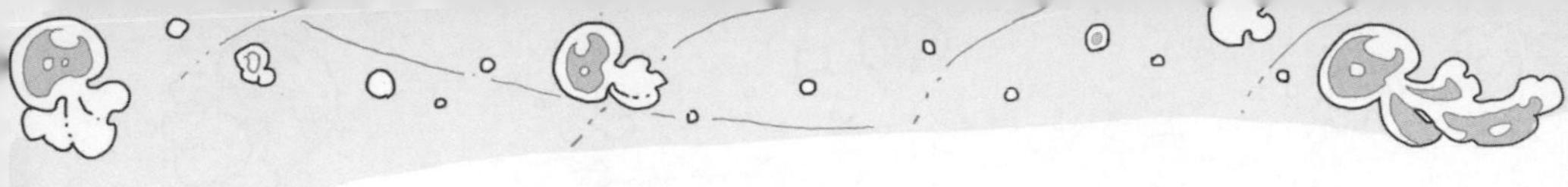

「可是數學題一定會有正確答案吧？二乘以二就等於四對吧？但朋友啦，或是升學之類的煩惱都沒有正確解答，不是嗎？」

「確實，大概不會有像數學那樣絕對的正確解答吧。就像今天你沒有去上學，到底正不正確，沒有人知道。」

「對嘛，怎麼可能會知道。」

「不過呢，所有的文字內容都是『當下的解答』，代表此刻的自己是這樣思考的。或許哪天會用橡皮擦擦掉也說不定，也有可能會再修改。但是對此刻的自己來說，答案就是這樣，沒有任何使用橡皮擦的餘地……你試著寫到能那麼想的程度吧，到時應該就能看到另一扇門。」

步下心中長長的階梯之後

「另一扇門？」

叔叔和小小的語詞水母交頭接耳了一番後，點了點頭。

「對。藉著不斷書寫而開啟的另一扇門。一起來看看吧。」

語詞水母好像很開心似地在我頭上繞來繞去——是帶我進入這屋子的小水母。接下來那扇門是什麼？到底在哪裡？我找不到任何理由拒絕叔叔的邀請。

小水母在前方帶路，我和叔叔並肩而行。「要去哪裡呢？」我沒打算這麼問，反正到最後只會跟我說什麼「這個房間就是叔叔自己」之類讓人聽不太懂的話吧。取而代之，我問了有關叔叔個人的事。

「對了，叔叔你住在公園裡嗎？」

「到底算不算住在這裡……這要怎麼說？以我的狀況，不論待在哪裡，都算是我家呀。」

「因為是寄居蟹的關係？」

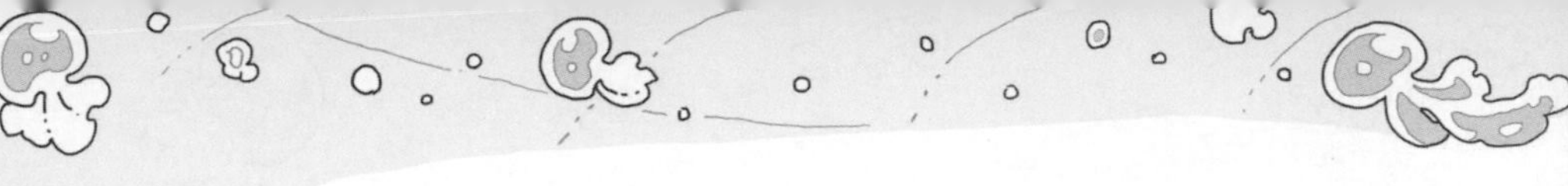

「是啊。我可是周遊全世界呢。來到這個鎮上不過是三個多月之前的事。所以目前待在公園的角落，過著不打擾其他人的日子。而且不久之後，我還會繼續踏上我的旅程唷。」

「喔——那麼叔叔的工作是什麼呢？」

「唉呀！」

叔叔突然大叫一聲。

「從這裡開始要下樓梯了，要小心。」

仔細一看，眼前突然出現一道階梯，往下延伸。至於究竟通往哪裡去，黑漆漆的完全看不清楚。只見語詞水母一抖動身體，周邊就會變得更明亮一點；如果沒有水母的亮光，不會游泳的叔叔可是差點就要踩空了。照亮了我們腳邊的水母、緩慢邁步的叔叔，還有跟在後頭漂浮游動的我。我們現在到底在哪裡？究竟要去什麼地方？越來越多事情搞不懂了。

「好，我們到了。」

走下長長的階梯後，眼前是一扇大門。

「……這就是另一扇門？」

「對。一起打開確認看看吧。」

當叔叔把手伸向那扇門時，我看見他手上有一樣東西閃閃發光。

有自己的探險

第 2 章

為了在只迷宮裡

那篇文章裡，有沒有摻雜謊言？

那扇門的另一頭，和剛才一樣漆黑一片。

不，甚至可以說更黑更深沉，越來越看不清楚周遭的樣子。涼颼颼的海水掠過全身。有辦法從這裡全身而退嗎？我開始有點擔心。

「那個，叔叔，這裡是地下室嗎？沒有燈嗎？」

「嗯，要說是地下室嘛，也算吧。眼睛慢慢就會適應了。」

「這是放什麼東西的房間嗎？倉庫？還是跟那邊一樣有很多書櫃？」

「你看看那個。」

我看向叔叔所指的方向，那裡有一道跟線一樣細的光，從天花板落下來。

「那是？」

背對著我的叔叔並沒有回答問題，就這樣向前走去。我瞇起眼睛一看，那道光落在一張小桌子上。

「你要不要先游過去？」

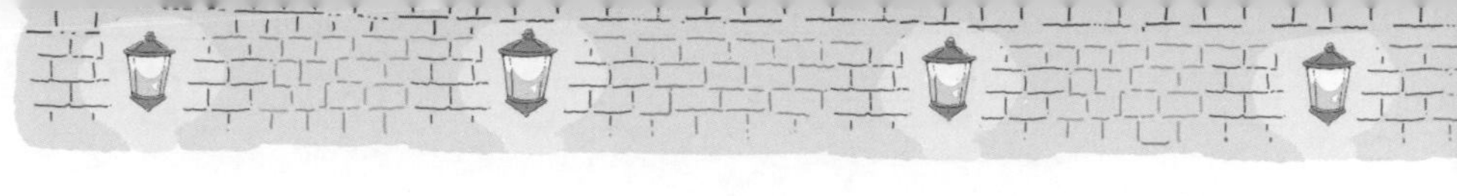

在悠哉漫步的叔叔催促下，我往桌子的方向游去。從很高很高的天花板某處，落下一道有如聚光燈般的光線，一本老舊的筆記本攤開在桌上。

「這張桌子很不錯吧？」

背後傳來叔叔的聲音。他手裡拿著一枝閃亮的鋼筆，上頭還鑲了珍珠做為裝飾，是枝很有年代感的鋼筆。

「我每天都在這裡寫東西。」

「……寫什麼？」

「寫日記啊。大概從我讀高中開始吧，一直寫到現在，已經不知道寫到第幾本了。桌上的日記本是最近的。話說回來，因為既不是義務，也不是工作，所以有時候也會空著什麼都沒寫。」

「嗯嗯。」

突然覺得好像不應該這樣盯著看，我將視線從日記本上移開。老實說，我對叔叔的日記並沒有很感興趣。好像有些跟叔叔差不多年紀的人會寫日記。可能因為那是個連貝殼機都沒有的時代，所以除了寫日記，沒有其他事情好做的關係吧。我單純這麼覺得。

「叔叔果然一直都很喜歡寫作吧？」

「不不不，沒有這回事。我差不多在你這個年紀的時候，可是非常討厭寫東西的唷。」

「啊？是嗎？」

「是呀。不管是日記、作文，還是讀書心得，全都讓我傷透腦筋。就算寫了，也寫得很無趣，真的非常討厭。」

「那後來是怎麼變喜歡的？因為，一定是喜歡，才會每天寫吧？」

「嗯……關鍵因素有好幾個，最大的一項契機應該是自己察覺到了『就算沒人稱讚也無所謂』。」

「沒人稱讚也無所謂？」

「是啊。過去寫作文、讀書心得的時候，全都是為了獲得學校老師的稱讚而寫；也就是想寫出能得到大人讚美的文章。」

「那樣有什麼不對嗎？」

「章魚次郎，你也是為了獲得讚美而寫，是吧？」

「那當然。因為會看作文的就是老師啊！老師覺得好，才會畫獎勵的小花，不然就沒有。為了得到稱讚而寫是理所當然的呀。」

「也是啦。我以前也是那麼想。可是，真的那樣就行了嗎？之所以這麼說，是因為我以前在為了得到老師稱讚而寫的作文裡，摻雜了很多小謊言：扮演聽話懂事的『好孩子』，表現得像個資優生似的，只會列出一堆言不由衷的『場面話』。」

「但作文不就是那麼回事？而且……」

「你說看大人的臉色嗎？」

我回想起目前為止自己所寫過的作文或讀書心得，全都是以「我也要跟全班同學一起加油」或「我決定從今天起要注意垃圾分類」之類言不由衷的語句結尾。要說這些是謊話，的確算是謊話。但當時總覺得，如果自己不那麼寫的話，好像會惹人生氣……就是這樣！以我來說，在「希望得到稱讚」前，更在意的是「不想惹別人生氣」。

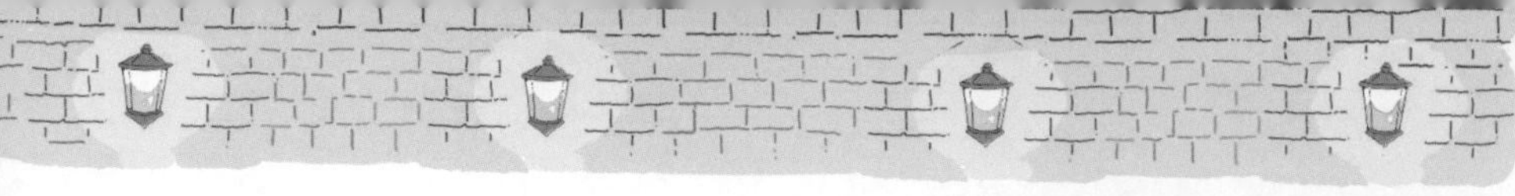

「章魚次郎，應該沒有任何事比無法寫出自己真正感受更悲哀的吧？因為你的文章本來就是專屬於你自己的東西啊！」

「但如果寫了什麼奇怪的想法，會惹別人生氣呀！」

「章魚次郎，你真的寫過什麼『奇怪的想法』嗎？真的曾因為這樣讓誰生氣過嗎？」

「……欸？」

「哈哈哈……意外的是，『奇怪的想法』反而沒那麼容易出現喔。尤其以你來說，應該會在別人阻止之前，就先自己踩煞車吧？自己減少了選項，剝奪了自己的自由。」

「那是因為『想得到稱讚』或『不想惹別人生氣』的緣故嗎？」

「是啊。章魚次郎，你認為絕對不可以寫出『奇怪的想法』，相反的，必須寫『場面話』才行；為了避免自己寫出『奇怪的想法』，所以非得謹慎選擇用詞不可。」

「嗯。」

「但這麼做卻剝奪了你的『思考』。過度糾結在用字遣詞，反而抹煞了自己的感受。」

「這是什麼意思？」

「我國中的時候也是這樣。為了得到大人的讚美，寫作文的時候，盡用些看起來很像一回事的詞句，再把它們排列組合在一起。現在想想，寫了簡直就跟沒寫一樣。」

不知道什麼時候，鋼筆已經離開了叔叔的手，在攤開的筆記本上轉呀轉地跳著舞。而且它不只是舞動著，簡直就像有個人意志般自動寫起字來。究竟寫了些什麼呢？

「哪，章魚次郎。」

聽見叫喚，我抬起頭。

「要不要一起寫寫看『奇怪的想法』？寫出沉睡在你心中那些格外『奇怪的想法』？」

文章遠離真心的原因

「我心裡『奇怪的想法』？」

「對。和別人不一樣的地方，只有你才寫得出來的內容。我認為，既然要寫，就要寫『只有自己寫得出來』的東西才有意思。」

和別人不一樣的文章。只有自己才寫得出來的文章。聽起來很吸引人。想了一會兒之後，我說：

「……嗯，我做不到啦。」

「為什麼？」

「因為我根本不擅長寫作啊。說話表達什麼的已經很不行了，叫我寫作更是困難。」

「原來如此。章魚次郎，寫什麼樣的文章會讓你覺得很難？」

「全部。作文很難，讀書心得也很難。小學暑假作業裡要寫的日記，簡直就難倒我了。」

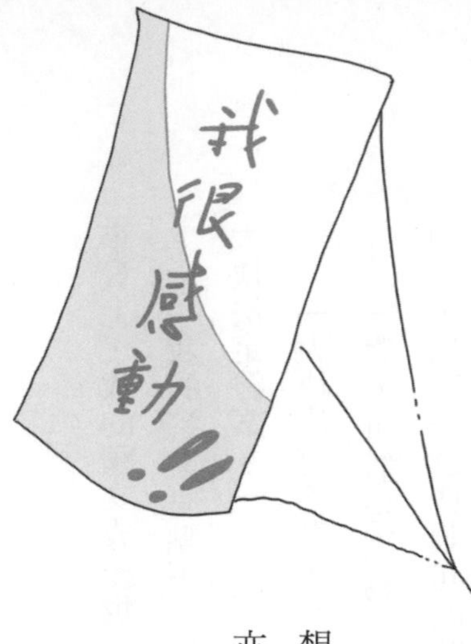

「那麼，一定是這種感覺吧——比方說，你讀了某本書，要寫讀書心得。那本書讓你非常感動，主角的心情簡直跟你一模一樣，簡直到了連你捧著書的雙手都跟著顫抖的程度。然而實際下筆一寫，卻變成與自己想法完全不同的文章。而且越寫越遠離自己內心的感受。到最後，閱讀當下的那種悸動一點也沒寫出來。」

「對！每次都這樣！真的耶！」

叔叔真是說到我心坎裡了，完全就是那樣沒錯。

不論是作文還是讀書心得，我總覺得有條「代溝」，覺得在「自己的感受」和「實際寫出來的文章」之間有一段幾乎難以想像的差距。真正的自己不是這樣的，自己原本想寫的東西不是這樣的。可是一旦試圖下筆，自己真正想說的話、心中真正的想法卻完全寫不出來。字面上所呈現的，都是一些人云亦云的「我很感動」或「非常有趣」之類的字句。

「你覺得為什麼會變成這樣？」

「我就說我很不會寫文章啊。我沒有天分啦。而且事實上，我的國文成績也不好。」

「我的答案有點不一樣喔，也和天分沒什麼關係。章魚次郎，一定是因為你太快決定答案。」

「太快決定答案？」

「對。可能是因為性子急，也可能是覺得麻煩，決定答案的時候往往操之過急，也就是選擇詞句的時候太急了。你想想看，急急忙忙想找出答案的時候，就算是簡單的加法也可能算錯，對吧？一樣的道理，你是『用字遣詞上的計算錯誤』。雖然是只要冷靜下來，應該就能解決的問題，結果越寫越遠離自己內心的感受。我認為只不過是這樣而已。」

用字遣詞上的計算錯誤？我不太懂叔叔說的這些。

「呃，因為太快決定答案，所以造成計算錯誤……」

叔叔攤開雙手，笑著說：

「好吧，我們以買東西為例來說明。你先看一下這個畫面。」

用字遣詞操之過急

「哇！這是什麼！」

是幻燈片嗎？不知道從多遠的地方打出一道光，放映出好多點心的圖片。這是便利商店零食貨架的影像，而且大小跟實物差不多。原本漆黑一片的地方突然變得明亮、色彩繽紛。

「太——酷了吧。這是便利商店的零食貨架吧？」

「嗯。章魚次郎，如果要你從中選出一樣做為今天的點心，你會選哪個？不用考慮金額，假設只選一個的話……」

「哪一個都行嗎？」

「對。你仔細思考看看。」

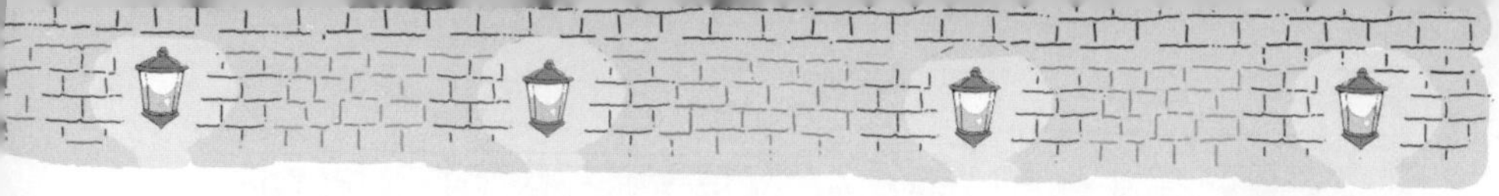

整體大概瞄了一下後，我選了青海苔口味的昆布片。

「這個。」

「好。你為什麼會選這項點心呢？」

「欸……因為我喜歡這個。而且常常吃。」

「嗯嗯。原來如此。」

叔叔再次瞧著貨架說道。

「章魚次郎，這個大貨架上有超過四十種零食點心。有薯片、爆米花、巧克力、小餅乾，還有軟糖。你應該沒有全部仔細看過，只是照慣例選了『常吃的昆布片』對吧？因為既不討厭這個口味，吃起來也有滿足感。」

「嗯，可能是吧。」

「這樣的話，真的能說是經過『挑選』的嗎？算得上已經『思考』過嗎？」

「雖然沒有到思考的程度，但我確實喜歡這個昆布片呀。」

「先把喜不喜歡的問題放在一邊，我想知道的是你有沒有認真挑選？」

「呃……這樣說的話，嗯，可能沒有那麼認真在選吧。算是一眼看到就選了它的感覺？」

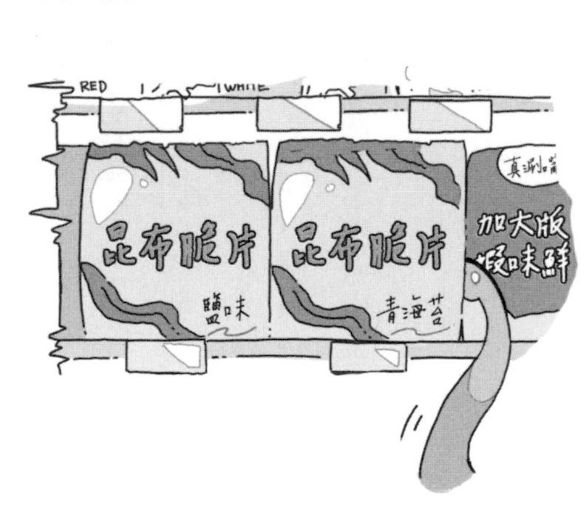

「那麼，我們再把話題回到讀書心得上。你在寫讀書心得的時候，是不是也一樣，沒有經過太多思考，就只是選了『平常慣用的字詞』或『常見的用語』呢？」

「……咦？」

「比方說，你讀過《游吧！美樂斯》*嗎？」

「啊，我在國文課本上讀過。為了拯救替自己當人質的朋友，連續游了好幾天的故事對嗎？這讓我超感動的。」

「好。假設你在《游吧！美樂斯》的讀書心得中寫下『超級感動』好了。這樣寫並沒有錯，也不是說謊，因為你真的很感動。」

「嗯。」

「可是呢，讀《游吧！美樂斯》的過程中，你心裡有想著『好感動』嗎？或者可以說，『感動』這樣的字眼根本就沒出現過？」

「這是什麼意思？」

＊此處致敬太宰治的名作《奔跑吧！美樂斯》。

①對過分的國王感到憤怒。

②對美樂斯要求好友當自己的替身感到驚訝。

③兩人的友情讓人熱血沸騰。

④在心裡大喊美樂斯的臺詞。

⑤對於降臨眼前的災難感到不安。

⑥因爲所剩時間不多而焦躁。

⑦感覺自己彷彿和美樂斯一起拚命往前游。

⑧結果自己累到不行。

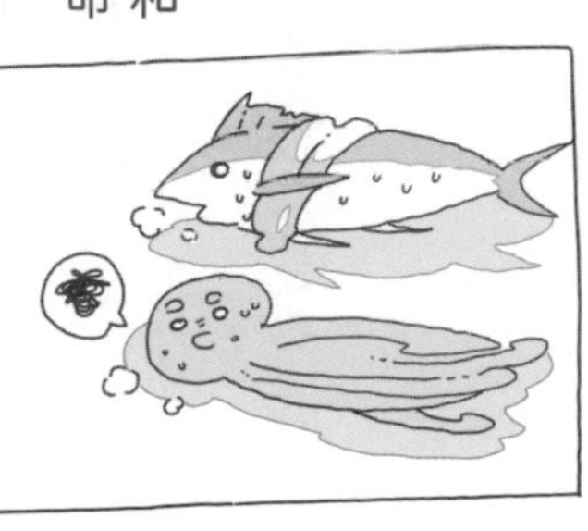

⑨爲美樂斯在好友遭處極刑前趕到而歡欣鼓舞。

⑩看著好友相互擁抱的最後一幕，淚流不止。

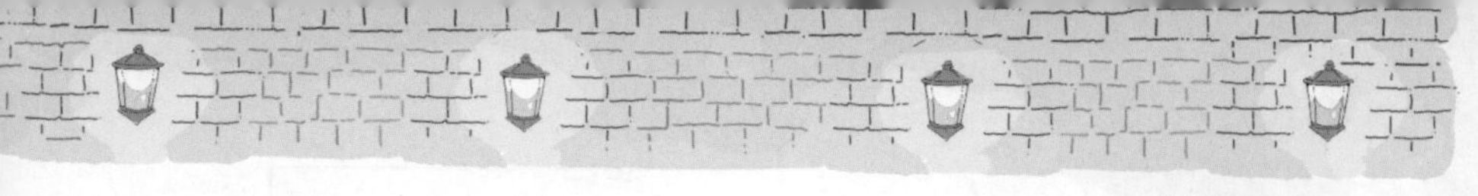

「比方說像這樣。」

「……像這樣，過程中會有許多情感湧現，很難只用『感動』兩個字來概括對吧？」

「……嗯。」

「然而到了要寫心得的時候，卻只寫下『很感動』『嚇一跳』或『很有趣』這種常見的形容詞，只用馬上就能想到、適用於任何情況的方便說法來交差了事，甚至連橡皮擦都不太需要用到呢。」

「……」

「你不覺得，這麼做就跟想都沒想便選了貨架上『每次都會吃的昆布片』一樣嗎？」

「可能……有點像。」

「我並不是在責備你。只不過，如果再多花點時間認真找找看的話，應該就能找到更多其他的說法，找到更貼近自己內心感受的字句才是。」

「找得到……嗎？」

「當然。章魚次郎呀，你並不是不擅長寫文章，只是太快決定自己要使用的詞句罷了。你之所以習慣用方便省事的說法去解決問題，不過是因為選字用詞時要面對的各種麻煩讓你感到退縮，也才讓文章偏離了自己內心的感受。就只是這樣而已。」

剛才放映出來的零食貨架畫面，突然消失不見。

為何會出現「言語暴力」？

「……可是啊，說真的，我並沒有想變成作文高手，也沒想過要參加比賽拿什麼獎狀。叔叔你說的這些我都懂，但你不覺得這跟我沒什麼關係嗎？」

「當然，我也不是希望你能把作文寫得很高竿，只不過，當你太快決定自己的用字遣詞時，會招惹很多麻煩事；不只是在寫作上，而是在日常生活中各種場合裡。」

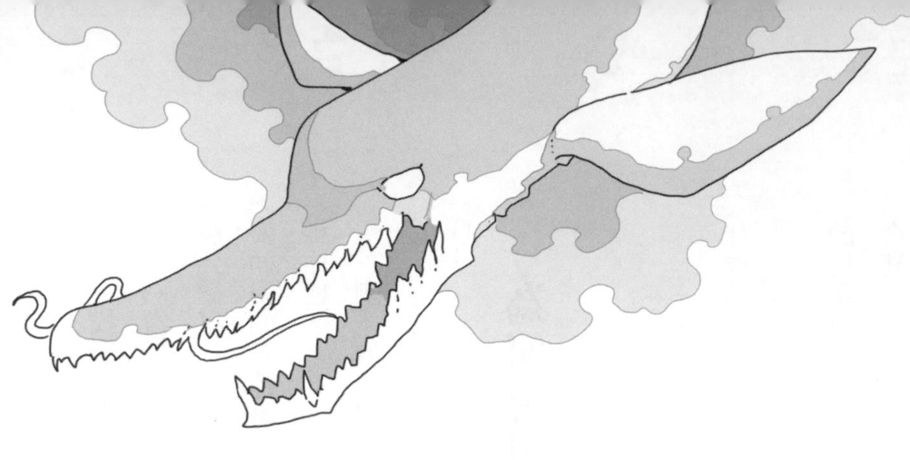

「麻煩事？什麼樣的麻煩事？」

「這個嘛，比方說，你知道『言語暴力』吧？」

「言語暴力？」

「對。就是那種彷彿從根本否定對方的存在、尊嚴和自尊心，會讓人心如刀割的話語。遭受言語暴力時，我們心裡承受的傷害遠比被痛揍一頓更重。因為就算被揍，那種疼痛頂多幾天就會消失，但言語暴力造成的傷害卻有可能持續一輩子。」

「……嗯。」

上國中後，我就受到許多來自同學的言語霸凌。像是「笨蛋」或「傻瓜」之類的話，雖然不喜歡，但還沒覺得那麼受傷；可是「水煮章魚」的說法就讓我很討厭，「好噁心」更是讓我厭惡極了。而且飛魚同學他們還經常對我說「好噁心」或「水煮章魚」這種超傷人的話。

「很遺憾的，大人也會使用言語暴力。即使沒有出手毆打，也會以言語為刀刃不斷刺傷他人。那麼，為什麼會出現言語暴力呢？原因可能有兩個。」

「哪兩個？」

「第一，是因為知道言語的『效用』。想必那些人一定都有被他人言詞刺傷的經驗吧。知道如果這樣說，就會有這樣的效果；如果那樣說，就可以讓對方立刻閉嘴。於是會選擇一些和當初自己受到傷害時一模一樣的字眼，或是用大聲怒吼的方式。」

「……嗯。」

「那麼，為什麼要讓別人立刻閉嘴呢？這就是第二個原因，『很麻煩』。」

「很麻煩？」

「沒錯。言語暴力幾乎都出現在需要用對話進行討論的場合裡；吵架其實也算是對話討論的一種方式喔。事實上，如果真的想進行對話、好好討論，必須仔細說明自己的想法，讓

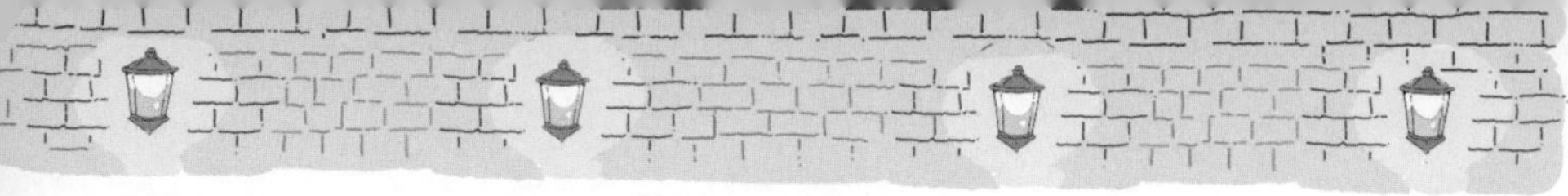

對方能夠接受才行。」

「嗯，我也這麼認為。」

「不過呢，仔細說明是一件很麻煩的事：要說得條理分明很麻煩，被對方反駁也很麻煩；而且要把自己的感受轉換成語言這件事本身就很麻煩，在這上面花時間費工夫更是麻煩得不得了……面對這些各式各樣的麻煩時，『暴力』這種可以一舉逆轉情勢的手段就會跑出來。因為只要訴諸暴力，就能讓對方屈服。」

「像是突然打人嗎？」

「我小時候，身邊有很多這樣的大人，不過現在大部分好像以言語暴力為主的樣子。不論是動手打人的暴力、言詞攻擊的暴力、大吼要對方閉嘴等等，對他們來說，都是『性價比很高』的做法。儘管這樣真的很糟糕。」

「性價比很高？」

「就是省去轉換成話語的工夫。再加上，當情勢對自己不利的時候，大聲怒吼還可以達到模糊焦點的效果。」

「……傻眼欸。」

「這當然是很過分的事。尤其對承受暴力的人來說，簡直豈有此理。可是呢，章魚次郎，你說不定也有可能站到施暴者這一邊喔！因為受不了麻煩，最後選擇了性價比高的那條路。對了，前面你不是提到『失言』的經驗嗎？」

是呀。我再次想起自己曾對媽媽說過的話。那不只是口誤失言而已。當時的我覺得所有的一切都很煩，對於無法將感受轉換成話語的自己感到煩躁，才會說出那些話，試圖用這種方式結束話題。

「就是因為這樣，我才會寫日記。不去考慮性價比之類的事，認真、仔細，不急著選詞用字，不斷用橡皮擦塗改，踏實地與自己好好對話。藉由這樣的過程，我發現不只是漸漸能用言語表達自己，也更加了解自己。」

「……你說『了解自己』，這是什麼意思？」

「這是關於我們活在世上的最大謎團；是直到生命終結那一刻為止，都會纏著你的謎，也就是『自己』。我是誰？內心深處的自己在想什麼？有什麼期待？今後自己打算往何處去？——當然，也可以選擇不去面對這些疑問的生活方式，選擇讓自己順著每天的生活、學校、工作……隨波逐流，就這樣結束一生也沒有關係。只不過，我想認識自己，而且也似乎真的對自己有那麼一點點了解，這些都多虧了這些日子以來的持續寫作。」

說著，叔叔將視線移向日記本。日記本的上方，鋼筆正有如施了魔法般自動且流暢地書寫著。

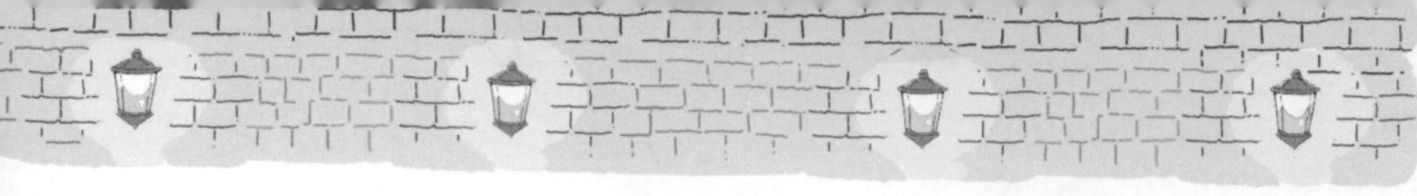

「……日記這種東西，我也寫過啊。可是我寫得一點也不開心，而且也還是完全不了解自己。」

對於我的反駁，叔叔溫柔地笑著說：

「一定是因為，那並不是日記。」

不是寫發生的事，而是寫「思考的事」

「我寫的不是日記？你又沒看過，怎麼可以這麼說？」

「你說寫得不開心對吧？為什麼不開心呢？」

「因為我不知道要寫什麼才好啊。與其要我每天寫日記，還不如寫作文來得輕鬆多了。」

「你說『輕鬆』，是因為作文比較好寫？」

「嗯。作文的話，每次都會有像是『寫寫有關運動會的事』或『寫寫有關遠足的事』之類的題目，對吧？相較之下，日記根本就不知道要寫什麼，到頭來，幾乎每天都在寫一樣的事。」

「為什麼？」

「如果是去百貨公司或遊樂園之類有特殊活動的日子也就算了，可是怎麼可能每天出門玩啊？拿暑假來說，今天做的事，跟昨天沒什麼兩樣嘛。」

「我懂了。那麼換我說一下我的答案……所謂的日記呢，並不是要記錄每天發生的事；也就是說，不是寫出『當天發生了什麼』，而是『當天想到了什麼』或『當天思考了什麼』。用這樣的角度去回顧的話，應該不會有哪一天和昨天是完全一樣的。」

「當天想到了什麼……嗎？」

「對。即使是你，每天也還是會想到或思考些什麼才是吧？」

「呃——也沒有喔。說不定發呆的日子出乎意料的多呢。」

「比方說，剛才你從零食貨架上選了昆布片對吧？」

「嗯。」

「那麼假設你今天在家吃了昆布片。這時候你會想到什麼？」

「覺得好吃吧。」

「還有呢？」

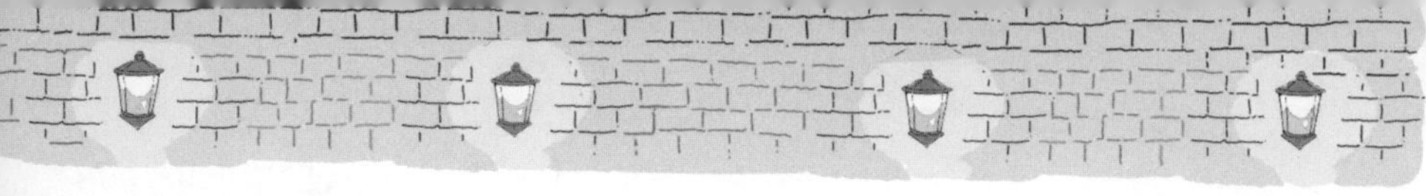

「嗯……會覺得嘴巴很渴，還會把手弄髒，有點討厭。」

「為什麼討厭把手弄髒？」

「因為貝殼機啦，漫畫啦，還是遊戲機的遙控器什麼的，全都會髒掉啊。」

「你希望那些東西保持乾淨對吧？」

「嗯。貝殼機的螢幕要是髒掉、裂掉，我都會很不爽。」

「那房間的髒亂呢？」

「那倒還好。我不太在乎。」

「那，你為什麼那麼在意手機螢幕？這和房間的髒亂有什麼不一樣？」

「因為房間就只是房間呀，又不是我本身。至於貝殼機，要說它更貼近自己一點嗎？還是說感覺像是我自己的一部分呢……總之，手機要是髒掉，就好像我的臉髒了一樣吧。」

「欸──原來是這樣。滿有趣的想法。除了貝殼機之外，還有其他東西會讓你這麼

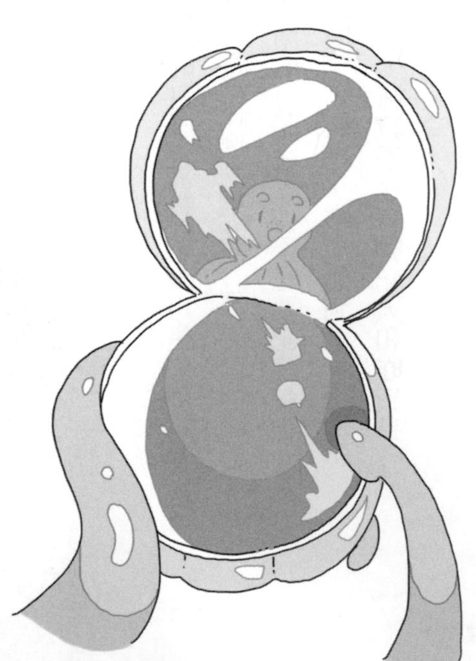

想嗎？覺得像自己的臉一樣的東西。」

「嗯……貝殼機以外的話……像是房間裡的鏡子，或是學校的書包，要是髒了，我也會覺得有點討厭。」

「所以書包有點像是你自己的一部分嗎？」

「倒也不是。夥伴？對，就像一直在一起的夥伴那種感覺。」

「哪個部分像夥伴呢？」

「比方說，可以掛上喜歡的鑰匙圈啦，還能裝進所有我需要的東西之類的。要是把書包搞丟了，我真的會不知道該怎麼辦呢。」

「……你看，就像這樣，即使是從『吃了昆布片』這種小事開始，只要丟些問題給自己，思考就會越來越深入吧？日記裡只要寫下這些事情就行了。如果是這種寫法的話，你不覺得每天都會有很多不一樣的內容嗎？」

的確是，經過叔叔這麼一問，談話內容便往意想不到的方向發展，和我小學時所寫的暑假作業完全不同；而且，如果能像這樣去寫，應該會很開心吧……可是，我不行啦。我自己一個人的話，沒辦法像這樣寫。

「……每天的話，我覺得不太可能。」

「為什麼？」

「現在是因為有叔叔幫忙，才會有這樣的進展；靠我自己不可能想到這些的啦，而且自己一個人寫也很無聊啊。」

「哈哈哈，章魚次郎，完全不是這樣喔。」

叔叔稍稍做了個深呼吸，低聲說著：

「……前面說過的『寂寞』，你還記得嗎？」

和大家在一起，就做不了自己

「嗯。你說寂寞有兩種。」

「有小孩的寂寞，還有大人的寂寞；然後我說，想必你現在才要開始認識所謂『大人的寂寞』。」

「『大人的寂寞』是什麼意思啊？」

「首先，如果用一句話來說明小孩感受到的寂寞，就是『身邊沒有任何人在』的感覺。」

「身邊沒有任何人在？」

「對。比方說自己一個人看家。爸爸不在，媽媽也不在，會覺得很寂寞吧；在遊樂場或百貨公司裡迷路走失的時候，也會感覺寂寞。會害怕，不安，想哭。當然，就算是大人，也會因為『一個人』而感到寂寞。就某種意義而言，我們理所當然會寂寞。」

的確，我也是這樣。小時候只要一個人看家，就會覺得不安，還曾經有那種即使在看電視、打遊戲，還是覺得背脊一陣發涼的恐怖體驗。但只要爸爸媽媽一回到家，我馬上就會覺得很開心。

「另一方面，長大成人後，還會經歷到另一種寂寞：明明不是獨自一人，依然感到

寂寞。」

「明明不是獨自一人？」

「明明和家人或朋友在一起，卻還是覺得寂寞。即使正在跟別人聊著天，還是感到寂寞。明明有朋友，有家人，有笑容，也有愉快的時光，儘管如此，還是寂寞。」

「明明身邊有朋友？為什麼會這樣？」

「因為『自己』不在那裡。」

「啊？」

「你剛剛在廣場也看到了那些坐在長條椅上的大人吧？」

「嗯……」

「他們呢，全都是想要『一個人獨處』，才會來到這座公園。」

「因為在公司遭到霸凌什麼的嗎？」

「這部分我也不清楚。只不過，會想要獨處，是因為『和大家在一起，就做不了自己』。公司也好，家裡也好，或是對你來說在學

校也好，如果一直和這些地方的『所有人』待在一起，就無法當一個『什麼也不必成為的自己』。」

「為什麼？」

「章魚次郎，你可以回想一下自己的經驗，或許就會懂了。舉個例子，你不覺得在學校的你，跟爸爸或媽媽在一起的你，還有自己待在房間裡的你，雖然都是同一個你，卻也好像是不同的你。」

我想起一個人待在房間時，把腳伸到書桌上的自己。也想起教室裡畏畏縮縮的自己，還有在媽媽面前焦躁不安的自己。

「隨著年紀成長，我們在生活中會分別用各種不同的面貌去應對。這並不是在演戲，不過就是順勢而為罷了。」

「椅子上的那些大人也是嗎？」

「是啊。公司裡的自己、跟工作夥伴在一起的自己、身為父母的自己、身為丈夫的自己、身為妻子的自

己……各式各樣的自己。而這些人三不五時會來到這座公園，遠離『所有人』，在只有自己的地方享受一個人的時間，找回什麼也不必成為的自己，一個完全不在意他人目光的自己。你之所以來到這座公園，想必也是出於同樣的原因吧？」

我不知道自己是不是為了獨處才來到公園。不過，當我一個人望著公園廣場時，心情的確是很好沒錯。在一個不受他人注目的地方，我也得以度過了能忘卻一切的時光。

「那麼我只要像他們一樣，時常來這座公園獨處就行了嗎？」

「那樣當然也行。說不定可以轉換一下心情。不過我是透過『書寫』來讓自己能夠獨處的喔。」

「書寫？」

「是啊。因為只要攤開日記本，就有一個專屬於自己的世界在等著我。」

「『專屬於自己的世界』是什麼意思？不就只是一本日記而已嗎？」

「來吧，是時候公開這間屋子的祕密了。關於這裡究竟是什麼地方，而那扇門又是怎麼回事。」

在名為「自己」的迷宮探險

叔叔一說完，便拿起鋼筆和筆記本——那枝以驚人速度不斷寫著些什麼的鋼筆，還有叔叔稱之為「日記」的筆記本。

「章魚次郎，你聽好囉。機會只有一次。好好睜大眼睛，看個仔細。」

叔叔凝神盯著我看，簡直就像準備展露祕技的魔術師似的。

然後……

啪——!!

叔叔用雙手闔上了記事本。

「……咦？」

周圍突然亮了起來。叔叔背著貝殼在我身旁，露出一臉淘氣的表情微笑著。

「欸？欸？怎麼回事？」

這是怎麼回事？我和叔叔竟然在公園裡！從叔叔那黑漆漆的地下室一下子跳到了公園的草叢附近。

「欸？怎麼會？這是？怎麼回事？到底是怎麼辦到的?!」

「哈哈哈……章魚次郎，你剛剛打開的那扇門，其實就是這個喔。」

叔叔高舉手中那本破舊的筆記本。

「我說過了吧？對所有人來說，最大的謎團就是『自己』。為了解開自己這道謎題，所以要打開日記這扇大門——用拿著筆的那隻手，打開這扇門。換句話說，筆，就像是開啟祕密之門的鑰匙。」

「日記之門？……叔叔你到底在說什麼？」

「我和你一起進入的地下室，其實就是我腦中那座廣大的心靈迷宮。」

「心靈迷宮?!」

「沒錯。每個人都像一座迷宮，有一顆非常複雜的心，心中充滿許多謎，所以才要解開這些謎題。可是，能夠攻略『寄居蟹大叔』這座迷宮的，就只有我自己；能攻略『章魚次郎』這座迷宮的，也只有你自己，其他人都做不到。」

「啊？等一等，這是什麼意思？」

「寫日記，其實就是進入一座名為『自己』的迷宮探險。那是一座永不停

息，每天都會產生變化的迷宮。但只要持續前進，謎團就會慢慢解開，漸漸明白自己到底是怎樣的人。今天寫下一篇日記，就解開了一頁謎題；明天再寫一篇，再解開一頁新的謎題。就這樣，一步步往自己的內心深處探險——如何？你不覺得好像很有趣嗎？」

「咦？那我剛才是在叔叔的日記裡嗎？」

「沒錯。我一邊讓你待在身旁，一邊寫著我的日記，同時也讓我的意識與你的同步。所以我們並不是走下真正的樓梯，一起打開的那扇門也不過是這本筆記本的封面而已。」

我的頭開始暈眩。已經完全搞不清楚怎麼回事了。

「章魚次郎，不必刻意去想要寫日記這件事，也不用特地去記錄每一天。只要手上有這本祕密的筆記本，就能試著每晚進入自己的迷宮裡探險，這可是很有趣的唷。既能解開關於自己的謎團，也一定會開始喜歡自己。」

「喜歡自己？」

「是啊。關於這部分，下次再慢慢跟你說。因為某些緣故，我不能在這裡待太久。」

語詞水母在叔叔身邊不停游來游去，那動作就像發出警告似的，似乎想催促叔叔趕快回家。

「就這樣吧，叔叔應該會待在這公園的某個地方，隨時歡迎你來玩。今天跟你聊了很多很開心。謝謝你啊。」

「……嗯。」

「明天上學打算怎麼辦呢？」

「我想今天晚上先跟爸媽談談看。」

「也是，這樣做應該是對的。相信爸爸和媽媽一定也能了解你的心情吧。」

叔叔一開始提到的「說出口就會覺得暢快」，好像真的是這樣沒錯。原本心裡混亂到極點，多虧好好跟叔叔聊了一會兒，現在心情相當舒暢。如果是現在這種狀態，應該有辦法對爸媽說實話。

「路上小心，回家去吧。還有，別忘了迷宮探險喔。」

我對叔叔揮揮手，穿過廣場正中央，往公車站的方向去。

另一邊的幾張長條椅上，還有些大人各自坐在那裡。有人撫弄著貝殼機，也有人呆望著天空。在能獨處的地方享有個人的時間，找回什麼也不必成為的自己。對於自己似乎稍稍能體會大人的心情，我不禁有點開心。

接著，就在快到公園入口的地方，一塊立牌進入我的視線。

「小心可疑人士！」

立牌上畫了個背著白色貝殼的寄居蟹，同時還寫著「發生多起白殼寄居蟹搭訕兒童的誘拐事件，如有任何線索，請和警方連絡」。

「因為某些緣故，我不能在這裡待太久。」

寄居蟹叔叔的那句話在我耳邊迴響。這指的該不會就是他？他到底是誰？我能相信他嗎？按住怦怦跳的心臟，我搭上了公車。

章魚次郎的日記

9月5日（二）

今天我蹺課了。雖然和平常一樣搭上同一班公車去學校，卻沒能下車。

在公園裡，我遇見奇怪的寄居蟹叔叔。由於暴風雨來襲，我受邀進入叔叔的貝殼屋裡，那是間極度寬敞的大屋子。叔叔讓我看了許多神奇的事物，說了很多不可思議的事情，要我寫日記。可是，公園入口處有塊像是通緝告示的立牌。那位叔叔，說不定是做過什麼壞事的犯人。

回到家，媽媽還沒回來。貝殼機上沒有來電顯示，也沒有訊息，我蹺課的事情應該還沒被發現吧。

媽媽回到家時，已經過了晚上七點。當時我在沙發上睡覺。

「喂——你這時候睡覺的話，晚上會睡不著吧？」

感覺上，媽媽跟平常並沒有什麼兩樣，就那麼從躺在沙發上的我身旁走過。我心想，她果然還沒發現。

爸爸回家時，已經晚上十點多了。

當時我正在自己房間裡滑手機。拉長耳朵仔細一聽，客廳裡傳來爸媽說話的聲音。不是在說我的事，好像是什麼工作啊、出差的事。我輕輕打開房門說：「爸爸回來了啊。」爸爸瞄了我一眼，說：「嗯，我回來了。」然後又繼續跟媽媽說話。

我思考過該怎麼開口說出今天蹺課的事，還有遇見那個可能做了壞事的寄居蟹叔叔的事；但突然間又覺得害怕，結果還是沒說。然後用不知道他們有沒有聽到的音量說了聲「晚安」，就離開客廳了。

回到房裡，我想起叔叔的事。

比大海還要寬廣的房子、未成話語的泡沫、整理泡沫的語詞水母、像城牆一樣的書櫃、叔叔的心靈迷宮、迷惑的自己……不論哪一項，都很難想像是現實世界中的事。就算跟爸媽說，他們也可能不會相信。

按照叔叔的說法，「不能告訴任何人的事」只要跟自己商量就好了。他說，只要寫下來，就能整理思緒，也可以解開迷宮裡一頁的謎題。

從公園回家的路上，我在便利商店買了筆記本。只不過，就算試著寫到這裡，也一點都不覺得腦子裡打轉的那些東西變清晰了。什麼迷宮探險的感覺，根本連個影子也沒有。真是夠了。好蠢。如果不是叔叔說謊，就是我寫作的能力太差。明天再去找叔叔確認一次好了。

己的日記，
讀者

第 3 章

就算是自
也有

試圖要寫，反而寫不出來

「……回到自己的房間後，接下來你怎麼做？」

走在我身邊的寄居蟹叔叔，用他那雙大眼睛盯著我看。在叔叔的邀約下，我和他直直穿過早晨的公園，準備前往公園另一頭的白珊瑚之森。

今天早上，我跟學校請了假。我跟媽媽說肚子痛，想休息，請她打電話給學校。

「我今天可能會很晚才回家，你沒問題吧？」

大約從去年春天開始，媽媽變得會挑話題講。

她會提念書的事、補習的事，可是關於學校啦，朋友啦，就會很巧妙地閃躲過去。原因很明顯。去年春天，我忘在房間裡的音樂課本被她看見了。那本皺巴巴的課本上，有著跟我長得很像的章魚塗鴉：用紅

筆畫出來的章魚一邊吐著墨汁，一邊哭著說：「不要欺負我——」雖然媽媽假裝什麼都沒看到，不過從那天開始，她在態度上就有了明顯的改變；就連上學這件事，也變成只要我主動開口，就會讓我請假。

「那你就在家裡好好休息吧。可以玩遊戲機，不過最多一個小時。畢竟你是因為肚子痛請假的。」

到客廳目送媽媽出門後，我立刻回自己房間做好外出的準備。我遲疑了一下，接著把昨天的日記和防身警報器塞進書包。

早上九點多，我一到公園，就在廣場旁邊看到叔叔的白色貝殼——像石頭一樣堅硬、凹凸不平，沒有什麼奇特之處。但裡面卻有個比大海還要寬闊的空間，有一整排高得像城牆似的書櫃，還有語詞水母在裡面游來游去。「叔叔，我是章魚次郎。」心裡覺得很神奇的同時，我再次敲了敲貝殼，結果從背後傳來一聲低沉的「早安」。

一回頭，背著粉紅色貝殼的叔叔正一臉得意地對著我笑。

「咦？那個貝殼是？」

「哎呀，今天早上散步的時候，剛好看到這個大小很適合的殼。之

前那個窩也舊了，就乾脆搬個家啦。」

「看來，立牌上的『白殼寄居蟹』果然是在說叔叔。」我再次浮現這樣的想法。他打算藉著換殼來躲避警察。但真是這樣的話，粉紅色的殼不是反而更醒目嗎？搞不好叔叔其實是個很脫線的人。

「可是……這房子總感覺有點太花俏了。」

「很適合我吧？我覺得偶爾來點活潑有朝氣的顏色也不錯呢。」

接著，叔叔說今天打算去白珊瑚之森。

「為什麼？在叔叔家就好啦。」

「不不不。我剛搬完家，房間都還沒整理好呢。」

「那就在公園裡聊聊吧。」

「嗯——只在公園聊天的話，很沒意思吧？而且如果是去那邊，不會有人發現我們的。」

不會有人發現。這究竟是為了裝病請假的我著想，還是為了叔叔自己？我搞不懂。

「……回到自己的房間後，接下來你怎麼做？」

「我就寫日記啊。」
我盡可能表現出一副理所當然的樣子回答。
「寫看看之後，覺得如何？」
「好難。雖然昨天跟叔叔聊到這部分的時候，覺得應該更容易寫才對。」
「覺得難寫的原因，你思考過了嗎？」
「該怎麼說……從第一行開始就卡住了。應該說，不知道要寫什麼、怎麼寫才好。」
我是認真的，是真心打算寫日記；不是因為叔叔叫我寫，而是因為想去迷宮探探險，想體驗一下跟自己對話是什麼感覺。面向書桌，我心裡充滿期待，但果然還是沒辦法好好寫出來。一提筆打算要寫，手就停住了；只寫了一點點就寫不下去，在寫的過程中也感到厭煩。到最後發現跟之前並沒有什麼不同，只寫出像暑假日記那樣的東西來。
「也就是說，寫得不太開心囉？」
「既不開心，又不甘心。」
「不甘心？」
「因為叔叔一定會說，我寫不出來，是因為我『思考』不夠充分，對吧？該說我沒辦法接受這種說法呢，還是覺得自己被當成傻瓜看待一樣。明明我也是用自己的方法在思考呀。」

「沒有這回事。我認為你確實認真思考過。」

「那我為什麼會寫不好呢？如果最後還是要說我就是不擅長寫文章的話，那我也只好認了。」

「章魚次郎，我認為你當時一定是『試圖想寫』文章，對嗎？」

「那還用說。」

「文章這種東西呢，越是試圖去寫，反而越會寫不出來喔。」

描繪自己的感受

「越是試圖去寫，反而越會寫不出來？」

「對啊。那正是寫文章困難的地方。章魚次郎，你昨天試圖要寫日記，所以持續回想一整天發生的事，嘗試寫下自己真正的感受，對嗎？」

「嗯。」

「可是你寫得很不順。雖然想寫，手卻停了下來。」

「對。不只是我的手停了下來，連腦袋和身體都揪成一團。」

「既然如此，不妨試著這麼想：比方說，要是學校發了一本素描簿，告訴你『請將自己的感受畫成一幅畫』，你會怎麼做？」

「畫出自己的感受？」

我很快地思考了一下。

……我不認為自己會畫出什麼像樣的畫。

「沒辦法啦！我根本不知道要畫什麼才好。」

「那麼，要是讓你看過白珊瑚之森，再跟你說『請畫出這裡的風景』呢？」

「這倒是沒問題。因為要畫的東西就在眼前嘛。」

「文章也是一樣喔。要是突然叫你寫出自己的感受，就會不知道該寫什麼才好，頂多只能想到像是『真是夠了』或是『我想放棄』這種跟大叫沒什麼兩樣的話。」

「沒錯！」

我不由得笑了出來。因為我的確寫了「真是夠了」。

「我昨天也只想得到那些話，真的傷透腦筋。」

「換個角度，如果是描繪『自己的感受』，說不定就有辦法。」

「描繪？自己的感受？」

「是呀。不必試著從零開始寫起，而是先仔細觀察自己的感受。就像寫生的時候一樣，再依照你所看到的描繪出來。」

「……啊？感受這種東西，哪裡是眼睛看得到的？」

「哎呀，依一般的想法或許是這樣沒錯。但我們的感受中，其實有『可以描繪』和『不能描繪』這兩種喔。」

沒過多久，我們就到達了白珊瑚之森，一座籠罩在寂靜之下的白色珊瑚森林。據說這座森林裡住著神靈，幾乎家家戶戶都會將白珊瑚枝當成護身符般掛在門外。拿我奶奶來說，就算我們只是把腳朝著白珊瑚之森的方向睡覺，她都會生氣。

「嗯，好美的森林。」

叔叔毫不遲疑，就這樣大手大腳地走進森林裡。

「等、等一下啦！」

「將自己的感受寫成文章，也就是描繪出自己的感受。這時候最重要的一點，就是不要描寫『此刻的感受』。」

「什麼？」

一邊是露出對神靈不敬的態度，一邊是一本正經地對我說出剛剛那些話，我完全找不到這兩種行為之間的平衡點，很難把它們裝進腦袋裡。

「我猜，你一定是試著寫出『此刻的感受』對吧？腦中全被『現在的自己』占滿了。」

「欸？可是，日記或讀書心得之類的東西要寫的，不就是當下的感受嗎？」

「你先冷靜下來仔細想想。一天即將結束，你坐在書桌前準備寫日記。打開日記本，拿起筆。好了，這時候的你在想些什麼？」

「欸……『要寫些什麼才好』或『該從哪裡寫起』之類的事。」

「沒錯。那正是『此刻的感受』。可是那些並不是要寫在日記、作文或讀書心得裡的；甚至可以說，如果要如實地寫下此刻的感受，那麼最後說不定就會變成『真麻煩』或『有夠不想寫的』之類的內容喔。」

「哇——在學校寫作文的時候真的就像你說的這樣呢。」

「如果用稍微合乎邏輯的說法，所謂『此刻』的這個瞬間就如同時鐘的指針，是不斷前進更新的；換句話說，『此刻的感受』也會隨著每一秒鐘刷新。因此，我們既追不上更新的速度，也沒辦法準確寫下真正的『此刻的感受』。」

「那要寫什麼才對？」

「不會刷新更改的『當時的感受』。」

「當時的感受？」

「沒錯。像是回想起今天早上搭的那班公車，當時的自己有什麼感覺。仔細觀察公車上的自己，再拿起話語的鉛筆，也就是讓此刻的章魚次郎描繪『當時的章魚次郎』。」

「現在的我要描繪當時的我？」

「就像觀察某個人那樣，由過了一段時間的『現在的自己』以保持距離的態度，去描寫那個哭著、笑著、說著話的『當時的自己』。那麼做的話，想必就不會有難以下筆的問題了。」

觀照細部而非整體

用觀察其他人的方式，聚焦於「當時的自己」。

被叔叔這麼一說，昨天的我確實一直拿著筆在想「到底該怎麼寫才好」。不知道，就算想破頭，還是不知道，就這樣抱頭苦思。到最後，寫出來的日記和自己的感受還是有很大的差距。用叔叔的話來說，就是因為腦子裡被「現在的自己」占滿了。

「那麼叔叔之前所說的『跟自己對話』，指的就是跟『當時的自己』對話，是嗎？」

「沒錯。當時的自己在什麼地方？看到了什麼事情？心裡有什麼感受？腦子裡又在想什麼？拿起筆和橡皮擦，不斷寫了又擦，擦了又寫，用這種方式與『當時的自己』對話，將內容描繪得更確實。如此一來，才有辦法更深入內心的迷宮。」

「可是，叔叔說的這些什麼對話啊、描繪啦，光是這樣比喻很難懂欸。實際上要做些什麼才對呢？」

叔叔停下腳步，轉過頭看著我。

「假設你現在回想起『昨天晚餐時的自己』好了——與其說回想，感覺上更像是看著『在那裡的自己』。腦中是不是慢慢浮現畫面了呢？如何，有沒有看見什麼？」

昨天晚餐的飯桌上，有我和媽媽兩個人。

吃的是魚板麵。

不過，當時的自己是怎麼吃那碗麵的，我不太清楚。

「嗯——要回想起自己的模樣，或許有些困難。」

「那麼，你試著回想一下晚餐時看到的景象。」

媽媽坐得直挺挺地吃著麵。

媽媽碗裡的麵，分量比我的少很多。

我吃的是大碗。

裡面有很多魚板和海帶芽。

「……桌上擺了些什麼東西？」

志願調查表就這樣放在桌上。

從第一志願到第三志願，全都沒填。

我想，可能是要等爸爸回來後再討論吧。

「……聽得到什麼聲音嗎？有沒有誰，還是什麼東西在說話？」

和媽媽兩個人在家的時候，雖然明明沒在看，卻會開著電視。電視的聲音填補了沉默的空檔。媽媽說她公司裡正在流行感冒：「小心喔，別在學校或公車上被傳染了。」而我，多半沒有認真回答媽媽的話。

「也得叫爸爸小心才行。他下禮拜好像要出差。」媽媽一邊說著，一邊收拾了自己的餐具。

先吃飽的我，正在看電視上的選秀節目。正在唱歌的是寬紋虎鯊，看起來還在念小學的樣子，唱著我沒聽過的歌。不過看到媽媽跟著用鼻子哼，我想那應該是首老歌吧。

「突然覺得……好神奇喔。想起了好多事。」

「在餐桌上的你，心情如何？」

「……該怎麼說呢，有點不開心。有種焦躁感。」

「原來如此。記憶模糊的時候，最好不要突然一下子就想記起『整體』的內容。可以先像這樣，在有限的情境下細細去回想，這樣一來，就有可能因此喚醒在那前後的記憶。」

問一下「當時的自己」

「嗯嗯。記憶這種東西還真是有趣。」

「那麼，既然你想起了『當時的自己』，那就開始採訪一下『當時的章魚次郎』吧。」

「採訪？」

「是呀。現在的自己要採訪『當時的自己』；也就是丟出問題，然後讓自己回答。要是題目問得好的話，說不定就能得到好答案。比方說，你昨天覺得有點焦躁對吧？」

「嗯。」

「可以試著問問自己：

「**『為什麼覺得焦躁呢？』**」

「可是就算問了……」

「當然，不會有人回答你。但如果你繼續再問：

「**『媽媽是不是說了什麼？』**

「透過這個提問，應該就能想起很多跟媽媽的對話……事實上，媽媽是不是說了什麼讓你不開心的話呢？」

「嗯……沒有啊。不如說，我覺得她很在意我的感受。」

「那麼，再問問看：

「**『跟媽媽沒關係？所以是因為其他事才變得焦躁嗎？』**

「這個問題又如何呢？」

「嗯……很難說。不過，說不定是先對媽媽覺得煩，然後才開始對自己感到焦躁。」

「這樣的話，可以問：

「**『對媽媽的哪些地方感到煩躁？你不是說，她並沒有對你講什麼嗎？』**

「這樣一來，就能想起媽媽的某些舉動或無意間採取的態度。怎麼樣？想到

些什麼了嗎？」

「嗯。我在意的部分好像是態度？」

「那就再深入一點，繼續問問看：

「**『媽媽用什麼樣的態度？』**

「或者：

「**『當時她是什麼表情？』**

「怎麼樣？找到什麼線索了嗎？」

「……我想，可能正是因為她什麼也沒做，我才覺得煩躁吧。不論是學校的事、志願調查的事，全都閉口不提，為了不傷害我而過度小心翼翼，就像在對待膿包似的那種態度。」

「原來如此。彼此的關係變得有點尷尬拘謹。」

「嗯。我自己也知道，並不是媽媽有哪裡不好。」

「不過像這樣，以自己為採訪對象繼續問下去的話，就會離答案越來越近，對吧？關於你之所以覺得焦躁的解答。」

「……這樣就算是解答嗎？」

「為什麼這麼問？」

「因為我只是莫名其妙覺得有那麼一點煩躁而已啊！這種狀況，叔叔自己也會遇到吧？難道不能就這樣維持『莫名其妙覺得有那麼一點』的狀態嗎？」

「這樣的話，是無法解決任何問題的喔！莫名其妙覺得有那麼一點心煩，莫名其妙覺得有那麼一點不安，莫名其妙覺得有那麼一點討厭……如果用『莫名其妙覺得有那麼一點』當成藉口來消化自己的情緒，什麼問題都解決不了。那些未成話語的泡沫會一直殘留，不斷累積膨脹。」

「可是情緒這種東西會有解答嗎？找得到什麼答案嗎？」

「是要『給出』答案。」

叔叔以相當果斷明確的語氣說道。

「答案不是用找的，而是要提出來。針對『當時的自己』的情緒，由現在的自己給出答案來，決定好『當時的我應該是這樣吧』的答案。不這麼做的話，就沒辦法寫出什麼東西來了。」

不思考，真的有那麼糟嗎？

「……叔叔，你好堅強喔。」

像是已經放棄了似的，我這麼對叔叔說。

「堅強？你指的是什麼？」

「像這樣由自己給出答案，叔叔你難道不會害怕嗎？我覺得有點可怕欸。」

「怎麼個可怕法？」

「像是選擇志願的時候，大家都會像『第一志願是這裡』『第二志願是那裡』這樣做出決定。可是我還不想做決定。」

「你知道自己不想做決定的原因嗎？」

「你看嘛，一旦在志願表上寫下了第一志願或第二志願之後，就不能反悔了對吧？然後，該說是因為真的要開始備考了嗎，還是因為接下來只會面對有沒有上榜的問題……」

「章魚次郎，不給出答案、不決定答案，如果持續用這種態度，就會一直停留在某種『可能性』裡；也就是或許可以往這裡，又說不定能往那裡的可能性。我非常能體會這種想保有可能性的心情。」

「……嗯。」

「可是啊，只要我們活在這種可能性之中，就沒辦法認真思考。」

「為什麼？我是很認真的喔。正因為認真，所以還不想現在做決定呀。」

「確實。你的想法應該是認真的沒錯，不過我希望你能將這種想法提升到『思考』的層次。哪，之前我們說過：『思考就是試圖提出解答。』對吧？不給出答案，只是抱著保留的態度，就等同於完全沒思考喔。」

「……什麼嘛，吼！一直在那邊說什麼思考、思考、要思考的!! 叔叔你幹嘛一直要我思考？不思考真的有那麼糟嗎？這種事根本無關緊要吧，不思考也不會怎樣啊!!」

「不是有沒有關係或好壞的問題。不思考，是很危險的。」

叔叔以冷靜且低沉的聲音說。

「前面說過，我們的腦子裡有很多念頭在打轉，『未成話語的泡沫』累積之後，腦袋就會變得渾濁，所以要設法想清除這些渾濁的東西。對吧？」

「嗯。」

「這種時候，如果沒有思考的習慣，你覺得會發生什麼事？」

「……我不知道。」

「就會撲向其他人事先準備好的『簡單明瞭的答案』。」

「簡單明瞭的答案？」

「對。就像是看起來能完全消除自己煩惱的方便答案。」

「這哪有什麼好危險的！這不是很好嗎？有個簡單明瞭的答案。」

「的確是，如果有個簡單明瞭的答案，的確會讓人很滿意，也會覺得腦子裡渾濁的東西消除了。但如果你撲向的那個答案其實是假貨呢？而且，要是在那樣的答案背後還隱藏了企圖隱瞞你的惡意呢？如果自己不具備思考能力的話，就無法看穿謊言喔！」

「……你是說，很容易被騙嗎？」

「是呀，即使是我也一樣。說不定我正打算騙你。之前跟你說過的那些，搞不好全都是謊言。很可能我根本連日記都沒寫過，只是個居心不良的大壞蛋而已……對吧？」

我想起公園入口處的那塊立牌。這麼說來，我既不知道叔叔的姓名，也不知道他是做什麼工作的。為什麼可以不做事、從一大早就待在這種地方？為什麼要跟我這種人搭話？又為什麼邀我來白珊瑚之森？我一無所知。我突然意識到自己塞進書包裡的防身警報器。

「……叔叔，你打算騙我嗎？對我說謊？」

「我當然沒有騙你。也沒有說謊。只是……」

叔叔嘆了口氣：

「就算我真的是個大壞蛋，一樣會直直看著你的雙眼，對你說：『我並沒有騙你喔』。」

「怎麼這樣……」

「不好意思，用這種惡作劇的口吻跟你說話。但是，沒有用自己的大腦思考的習慣，這樣過日子，就是這麼危險的事。」

「用自己的大腦思考的習慣是指……？」

「就是書寫的習慣。」

聊天對話九成是「回應」

這時候，書包裡的貝殼機突然開始震動；不，說不定老早就有未接來電，只是我現在才察覺到而已。

「可是、可是啊，話雖然是這樣說，」

我有些激動地提出反駁。

「我們每個人都有書寫的習慣啊！而且書寫的量還很多喔！就算如此，也沒有思考得那麼深入吧？用貝殼機的ＡＰＰ互動時，大家會

一直回很多訊息。像是群組聊天室之類的地方，未讀訊息一下子就會累積超過一百則。」

「咦——很驚人呢。」

「根本沒什麼好驚人的，你看。」

說著，我從書包裡拿出貝殼機。

「又是群組聊天室。你看，有二〇六則未讀訊息。」

點開聊天室畫面，飛魚同學他們熱烈地討論一個我不知道的話題，貼圖也不斷跳出來。

「我能確定的是，貝殼機上所交換的訊息和我一直以來所說的文章，並不是相同的東西。」

「有什麼不同的？」

「貝殼機上互動的內容，原則上都是『聊天對話』的話語。」

「聊天對話的話語？」

「對。就是那些由語詞水母運送出去、隨著泡沫消失不見的話語。」

「為什麼？叔叔你知道聊天室嗎？這不是講電話，而是打字輸入

的喔。」

「舉例來說，你傳『明天也拜託你了』這樣的訊息給朋友。朋友讀過之後，就會顯示『已讀』。對你來說，這段互動到這裡結束是可以接受的嗎？」

「咦？你是說對方已讀不回嗎？那樣很討厭欸。至少回個『ＯＫ』的貼圖也好，什麼回應都沒有的話……」

「為什麼覺得討厭？你想說的那句『明天也拜託你了』不是已經傳達給對方了嗎？而且對方讀過之後，也留下了已讀的證據。既然如此，應該夠了吧？」

「話是這樣說，可是我不知道對方怎麼想、不知道有沒有惹他生氣，所以心裡會覺得不安，而且那種好像被忽視的感覺很差……」

「那麼，寫日記、作文和讀書心得又如何呢？假設你投稿給畢業文集製作小組，你也會覺得要是沒問過班上所有人的感想，心裡就會不安嗎？會希望大家不要已讀不回、要給個回應才可以嗎？」

「那倒不會……畢竟那不是用來徵詢大家感想的東西。」

「我也這麼認為。但貝殼機上的訊息卻會讓你覺得被對方已讀不回，讓你想得到對方的回應，因為你是以『得到回應為前提』在寫訊息。」

「欸……嗯，也許是吧。」

「好，有趣的部分來了。比方說，章魚次郎，你和我現在正在聊天對吧？」

「嗯。」

「而且我們也是以『得到回應』為前提在對話，認為不可能出現對方完全沒回應的狀況。」

「嗯，我也是這麼認為的。」

「為什麼聊天對話會以『得到回應』為前提呢？事實上，聊天對話這件事，有九成的內容是由『回應』組成的。」

「有九成是回應?!」

「舉個例子：章魚次郎你對我說：『我的錢包昨天掉了。』接著我回你：『傷腦筋欸。』你接著又說：『豈止是傷腦筋，我所有的零用錢都在裡面。』我再回你說：『在哪邊掉的？有想到什麼線索嗎？』——你看，只有第一句不是回應，後面的所有句子都是在回應，對吧？」

「就連問對方問題也是回應嗎？」

「當然啦。因為是在接收到對方所說的話之後，順著說話內容循線發展出來的問題啊。」

「那麼，像這樣對話的內容，也全都是回應？」

「就是這麼回事。反過來說，聊天的過程中，如果刪掉不可或缺的回應，對話反而會變得生硬不自然，有時還會讓氣氛變得很不融洽。」

「嗯……可是我完全不覺得聊天是為了回應對方啊。」

「總之，就是這麼回事。貝殼機上互相傳遞的訊息，是以『得到回應為前提』在書寫的，所以已讀不回會讓人很介意。換個說法，這些是聊天對話的話語。而且聊天對話的話語無論再怎麼反覆累積，也無法與思考的習慣連結。這就是我的結論。」

「為什麼？我和叔叔對話的同時，也會思考很多事情啊！」

獨處的時刻用「非回應式話語」

「那就試著把聊天對話比喻成桌球好了。」

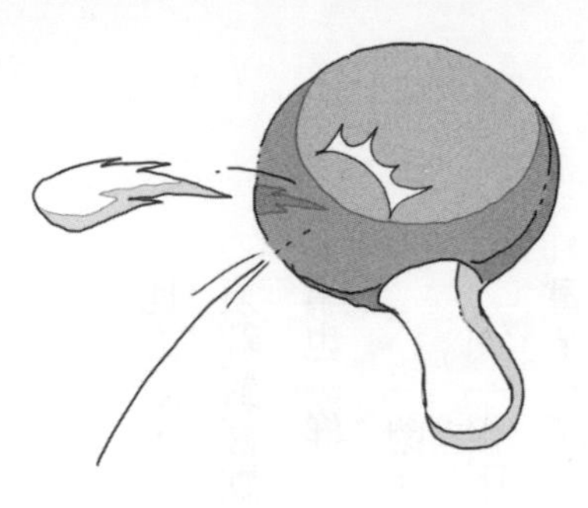

「桌球？」

「嗯，桌球或網球其實都可以。你想想看，不論是桌球還是網球，這種運動能由自己主導的時刻，就只有發球而已。接著，雙方不斷較量的就是『怎麼回擊』對吧？就這一點而言，跟聊天對話是非常相似的。」

「把回應比喻成怎麼把球打回去嗎？」

「沒錯。接收到對方的話語後，自己要怎麼回話？對於自己的回話，對方又會回擊什麼樣的球？說不定，對方會用幾乎要把你撂倒的快速殺球回擊；又或者，有可能是你打出一記強力的反擊。用這種方式去思考，是不是比較容易想像出聊天對話的架構？」

「嗯，對耶，這種感覺很容易理解。」

「但如果是這種方式，就很難與加深自己的思考有什麼連結了。之所以這麼說，是因為在思考之前，自己非得回擊對方的球不可。」

「意思是說，沒有時間思考嗎？」

「從時間上來說是這樣，從對話的進行來說也是。

比方說，我現在切換話題：『欸，章魚次郎，你喜歡什麼樣的漫畫？』接著你必須針對喜歡的漫畫回應我。於是你的意念來到漫畫上，即使你剛才思考的是其他事也一樣。」

「嗯。」

「接下來，在我們聊著漫畫的過程中，我又問：『除了漫畫，你還喜歡哪些書？』所以你又把意念轉向漫畫以外的書去了，儘管你剛剛還在思考有關漫畫的這些或那些也是一樣。」

「應該是吧。」

「總之，聊天對話不允許我們停留在一個地方，也不允許我們專注思考一件事。所以，如果要加深自己的思考，就必須獨處。在一個人的空間和時間裡，一個人面對自己去書寫，才能讓專一的思考更深入。換句話說，就是不迎合任何人，寫下『非回應式話語』。」

「非回應式話語？」

「是的。不是為了回應任何人才寫的，而是自

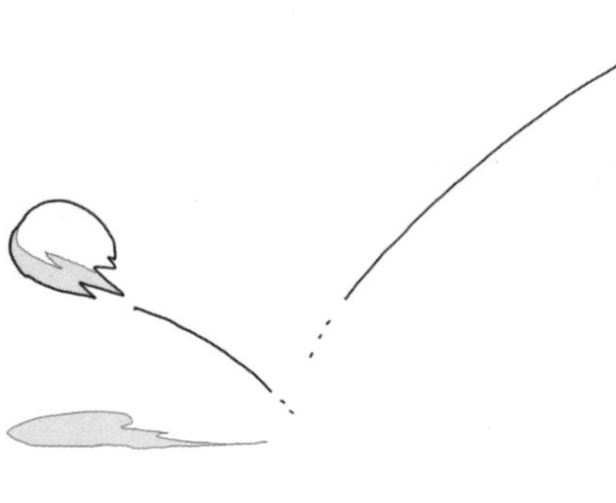

己的話語。」

對話中不要爭「輸贏」

「可是，叔叔你為什麼願意跟我聊天？你應該比較喜歡寫東西、討厭說話才對吧？跟我這樣的小孩聊天應該也很沒意思吧？為什麼要對我表現出一副很和善的樣子？」

叔叔突然愣了一下，接著大聲笑了起來。

「哇哈哈哈！……原來是這樣啊！章魚次郎，原來你是這樣想的嗎？」

「……不要笑啦！我很認真地在問你耶！」

「啊啊，抱歉抱歉。該從哪裡說起才好呢……首先，我要說的是，我非常享受跟你對話的過程。你的觀察力很敏銳，像這樣一起聊天時，能讓我有很多新發現。」

「剛剛你不是才說，聊天對話沒辦法讓思考變得更深入嗎？因為只會變成迎合對方。」

「是那樣沒錯，聊天對話確實無法如自己所想去進行，其中有一些類似『流向』的東西，不論是我還是你，都無法控制。不過也正因為讓自己順著話鋒隨波逐流，才會察覺到光靠自己一個人想不到的部分，或是藉由對方的話而得到啟發，並以不同的角度去思考。」

「那是聊天對話的優點嗎？」

「就『不知道對話會如何進展』來說，是這樣沒錯。今天不也是如此嗎？現在我們正在討論聊天對話這件事，可是你還記得為什麼會聊到這些嗎？這不是你或我引導之後的結果吧？」

「……嗯，也是啦。」

我今天來到這裡，其實是想針對日記、心靈迷宮，還有「與自己對話」的部分問得更詳細一點。只是不知不覺竟變成討論「聊天對話」這件事。

「而且，章魚次郎，跟你聊天時，我覺得我們很合得來。」

「怎樣合得來？」

「剛才我們把聊天對話比喻成桌球來思考對吧？」

「嗯。說是把對方的球打回去的競賽。」

「一旦『競賽』的感覺變得更強烈，很多時候就會讓人越來越像在比賽一樣，心中只想追求毫無意義的『勝利』。」

「追求勝利？在對話裡？」

「是啊。想要讓對方啞口無言之類的。一旦變成以『獲勝』為目的，就會一股腦地否定對方，反而讓雙方的對話沒有進展，而且也不肯承認自己的錯誤、舉出一些不明所以的歪理、扭曲記憶，或是說謊等等，有時甚至會冒出言語暴力。雖然當事人自己可能只是想回敬一記厲害的殺球，打算來個一招逆轉勝也說不定。」

聽著這段話，我腦中浮現鱆魚同學的身影。

鱆魚同學跟我在一起的時候，絕對不會承認自己的錯誤。我一說什麼，他就立刻表示「不對啦」「就跟你說不是那樣」來否定我。至於他自己的意見，則是就算硬拗也要拗到底。原來如此，之所以覺得和鱆魚同學聊天很無趣，是因為他完全只想著要在對話中「獲勝」的緣故？

「相對的，你在和我聊天對話的過程中，完全不會想要『獲勝』

什麼的。」

「那是因為我根本不可能贏過叔叔呀。」

「不，不論面對任何人，我認為你的對話方式一定都相同；當然，『與自己對話』的時候也一樣。」

「為什麼？」

「正是因為有這句『為什麼』。試圖去認識自己所知道的，想了解自己不明白的事物。和這樣的章魚次郎在一起，我也會接收到很多刺激，或是想起從前的自己。」

「從前的自己？」

將分散的我們連結在一起的東西

「我念國中的時候，絕對不會踏出這裡一步。」

叔叔說著，「叩叩」地敲了敲背上的殼。

「從自己的屋子嗎？」

「對。你看嘛，背上就有一間這麼方便的屋子，把自己關起來再適合不過了，對吧？」

「……叔叔討厭上學嗎？」

「是呀。只要被欺負，就躲進殼裡；等到自己意識到的時候，我已經走不出去了。就那樣在裡面躲了一年左右，某天我去了市立圖書館——畢竟還是要讓自己練習走出去，而且功課實在落後太多了。」

「哇——叔叔你好了不起。」

「有一天，我在圖書館裡寫題庫的時候，有位海龜叔叔來跟我搭話。他問我：『一個人用功嗎？』我嚇了一大跳，心想他搞不好會通知學校，所以打算趕快收拾東西逃走。不過海龜叔叔完全沒提起學校的事，只是用很平常的樣子繼續跟我說話。」

「我好像可以體會那種慶幸的感覺。」

「之後，我每次去圖書館，都會跟海龜叔叔見面、說很多話，也讓他教我很多事。不管是吃午餐的時候，或是回家往車站的路上都一樣。」

「那個叔叔教你功課嗎？」

叔叔搖搖頭，微笑說道：

「不，是比學校功課更重要的事。」

「比功課更重要的事？」

「關在自己的貝殼裡時，我完全不想跟任何人說話。關在家裡的那一年，我和家人以外的人說過的話，我想幾乎是零吧。」

「……覺得寂寞嗎？」

「倒也不會。我的朋友本來就很少，甚至覺得自己根本不需要什麼朋友。只要不跟任何人見面，不跟任何人說話，就能減少受傷的可能，不是嗎？所以，就算自己一個人也完全沒問題。不過……」

「怎麼了嗎？」

「我覺得自己和海龜叔叔似乎有種『連結』存在，那是過去與其他人之間不曾感受到的一種關係。不論有沒有跟海龜叔叔待在一起，我都會覺得很安心。我不斷思考，將我們串連起來的那條『繩索』究竟是什麼東西。後來，我找到了真相。」

「是什麼？」

「——是話語。」

「話語？」

「對。我們在各種不同的場合裡，一邊思考各種零零碎碎的事，過著各自的日子。即使是在同一個屋簷下生活的家人，這樣的原則還是不會改變。」

「……嗯。」

「於是，我們將想法寄託在話語的繩索上。自己丟出去的話語，由某人抓住；某人拋出來的話語，則由自己緊握。如此一來，分散的我們終於能連結在一起。不論是颳著暴風雨的夜裡，或是寂寞的夜裡，都不會被海浪沖走，可以安心地迎接朝陽——在那之前，我不曾對任何人拋出繩索，連求救用的救生索都沒有。可是我和海龜叔叔有了很多話語交流，因此連結在一起。而且是出乎意料的自然而然。」

叔叔背後那根長長的白珊瑚枝條看起來就像繩索，像是一節又一節、朝各個方向伸展出去的話語繩索。然後，再匯聚成一座大森林。如果我是白珊瑚的話，自己到底伸出了幾條繩索？又試圖與大家建立起多少連結呢？

「章魚次郎，你昨天和今天都跟我說了很多自己的事。」

「嗯。」

「多虧這樣，我才能知道很多關於你的事，能跟你成為朋友。」

「朋友？我們是朋友嗎？」

「我是這樣想的喔。聽好了，將我們串連在一起的就是話語。如果當時你保持沉默的話，我們就不會是現在這個樣子了。所以將自己轉化成話語，其實是非常重要的一件事。」

任何文章都有讀者

「是因為只要把自己轉化成話語，就能有所連結嗎？」

「是啊。國中時候的我是這樣，現在的你也一樣。」

「這樣的話，寫作又是為了什麼？自己一個人寫日記什麼的，根本不會跟任何人有連結啊！話語的繩索根本到不了任何地方嘛……說

什麼要自己一個人寫，又要我把話說出口，叔叔你到底在講什麼，亂七八糟的！」

「章魚次郎，不是這樣的。」

叔叔像是要安撫激動的我似地這樣說著。

「章魚次郎，我跟你說，不論什麼樣的文章，一定都會有讀者。那種沒有讀者的文章根本不可能存在。」

「即使為自己而寫的日記也是嗎？」

「沒錯啊。你昨天寫了日記對吧？」

「嗯。」

我把手伸進書包，拿出日記本。

「就是這個；當然，我並沒有打算給你看喔。」

「沒關係。日記本來就是拿來寫私人的祕密。只不過，即使是不打算給任何人看的私密日記，也會有『未來的自己』這樣的讀者。」

「未來的自己？」

「對。半年後、一年後、三年後，又或者十年、二十年後，你一定會回頭讀那本日記，去面對那個認真生活的『當時的自己』。這是

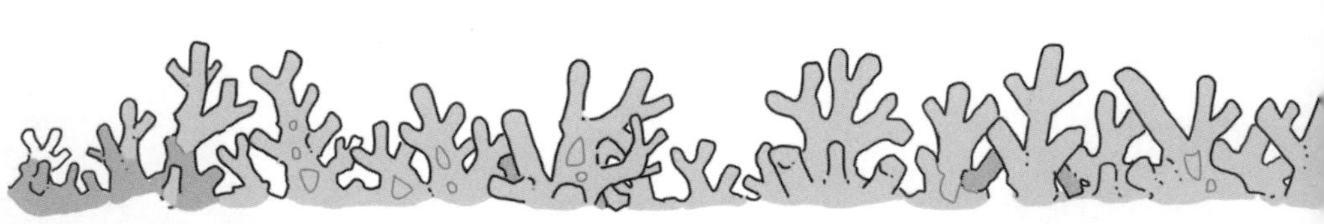

只獻給持續書寫的人最至高無上的禮物。」

「這個……會變成禮物？」

「是呀。章魚次郎，現在的你對著『未來的自己』拋出繩索。而三年後的你，一定會笑著閱讀那本日記——即使你在這當下是辛苦的。」

語詞水母從叔叔的貝殼縫隙中露出臉來，想必是在說差不多該回家了吧。叔叔溫柔地做了個手勢回應它，看著我的臉。

「所以，章魚次郎，你可以跟叔叔做個約定嗎？」

「什麼樣的約定？」

「從明天開始，我希望你連續寫十天的日記。」

「要寫十天喔？」

「是的。先寫十天。因為只寫個兩、三天的話，與自己的對話是無法深入到哪裡去的。事實上，我們可以說，就算連寫一個月，都還嫌不夠呢。」

「嗯……有辦法寫那麼久嗎？」

「沒問題的，我有個好點子。我希望你的日記能以『要給叔叔讀的』角度來寫，而且實際上也能給我看。」

「欸?!」

「你看嘛，當你覺得有讀者在等的時候，會比較容易持續下去吧？」

「可是……好吧，或許是吧。」

「要每天持續做某件事情時，一旦當成義務，就會覺得非常痛苦。更別說一想到『沒做的話會惹某人生氣』，就更不想做了。這種時候，只要設定成與某人的『約定』就可以了。就把持續書寫當成約定喔！」

「約定？」

「所謂的約定，並不是『被迫要做』的事。不管是什麼約定，到最後都是『自己要去做』。要不要締結這個約定，最後決定的還是你自己。而且，如果是自己決定的事，就有辦法持續下去。因為真正與自己立下約定的，其實就是『自己』。」

「跟自己做約定？那不是馬上就會毀約了嗎？」

「不必約定到書寫這個步驟也沒關係。可以先試試看，跟自己約好『到了晚上，就打開日記本』。如果只是打開本子的話，應該可以遵守吧？」

「……嗯，還好。」

「這個小小的約定只要持續遵守十天就好。不是義務，是為了達成允諾而持續。如何？你覺得可以嗎？」

「……我知道了。我答應你。從今天開始的十天，一到晚上就會翻開日記本。雖然不知道寫不寫得出來，但至少會把它翻開。」

「謝謝你。我希望你了解到一點：有我這個活生生的讀者在等候，而這個讀者絕對不會責備或嘲笑你。不論你用哪種方式寫了什麼，我都會是你的夥伴，再帶著這分理解試著去寫寫看。」

「好像……已經開始覺得有點緊張了啦。」

「哈哈哈，沒事的。來，穿過森林回家去吧。叔叔也差不多該回去寫我的日記了，不然會惹語詞水母生氣呢。」

於是我們從白珊瑚之森折返，回到了公園。

回程的路上，我跟叔叔聊了好多。關於海龜叔叔的部分真有趣。據說叔叔會開始寫日記，也是因為海龜叔叔的建議。

「我說的這些事，有一半以上都是從前海龜叔叔教我的唷。」叔叔笑著說。

我覺得，立牌的事情已經不必再問了。叔叔究竟是個可疑人物，還是大壞蛋，都跟我沒關係。叔叔在聊完自己的過去後，表明我是他的朋友，於是我和叔叔立下了約定。這樣，就已經很足夠了。

然後——「喀嚓」一聲。正當我們穿過白珊瑚之森、打算進入公園時，我聽見草叢那頭傳來按快門的聲音。

轉頭一看，只見一個黑影迅速游開。

章魚次郎的日記

約定的第一天　9月7日（四）

隔了三天，我今天去上學了。

雖然繼續請假也可以，我還是決定要去。因為我覺得，要是今天也請假的話，就會變得拖拖拉拉的，永遠去不了學校。

在公車上，我一直把玩著貝殼機。即使下了公車，也是一下子翻看書包，一下子假裝在看課表，盡可能低著頭走路。

打開教室的門，誰都沒注意到我。那種「你請假喔？」「好久不見了」之類的反應，完全沒有。大家各自在聊天，等老師進教室上課。

飛魚同學他們圍在烏賊同學的桌子旁邊。有那麼一瞬間，我覺得自己跟烏賊同學好像對到眼，我「啊」地張開嘴，但沒發出聲音，只微微舉起手當做打招呼。不過烏賊同學並沒有什麼反應，就那樣繼續跟大家聊天。

我們班上還有另外一個小圈圈，那是網球社的鯊魚同學建立的第二個小團體。

鯊魚同學雖然不像烏賊同學那麼引人注目，但他同樣念書和運動都很行，在老師們眼中也有相當的分量。只是感覺飛魚同學對鯊魚同學好

像也是無話可說。

鰆魚同學和星鰻同學都沒有過來找我，我當然也沒有意願過去找他們。沒想到一個人待著的感覺還不壞。

叔叔說，要珍惜一個人獨處的時間。他說，老是跟大家在一起的話，就無法做自己。

可是他又說，要用話語的繩索建立「連結」。

在這間教室裡，我該向誰拋出繩索才好？我不知道。

蟹江老師來了，點了名。叫到我，而我也回應的時候，老師開口：「感冒還好嗎？」一今天我和蟹江老師的對話，就只有這一句而已。

即使是課間或午休時間，飛魚同學他們都沒再捉弄我。起初我以為自己是不是被他們漠視、當成了空氣，但似乎不是那樣。可能是膩了，也可能是風潮已過，看起來他們似乎找到了比運動會選手宣誓更有趣的事了。

體育課的內容，是練習運動會上要表演的土風舞。

教體育的沙丁魚老師說，明天上課要決定大家的參賽類別。一年級和二年級的時候，我都是參加拔河比賽。今年多半也一樣。

一回到家，就看見媽媽留下的紙條。只要有時間，媽媽都會在桌上留紙條。上面寫著爸爸和媽媽都會晚回家，冷凍庫裡有海藻義大利麵，叫我熱來吃。如果他們過了晚上十點都還沒到家，要我先去睡覺。

這麼一說，我突然想到，準備放學回家時，鱘魚同學看著我，臉上露出討人厭的笑容——那種彷彿打勝仗後得意洋洋、鄙視人的眼神。

所謂的日記，這樣寫就行了嗎？總之，只要翻開本子，姑且還有辦法寫點東西。不過，既不覺得開心，也完全沒有什麼迷宮探險的感覺。

約定的第二天　9月8日（五）

早上一到學校，教室裡的大家全都亂哄哄的。男生圍在飛魚同學的座位旁，不知道在說些什麼。當我準備靠過去時，擦身而過的星鰻同學告訴我：「聽說烏賊同學受傷，被送去醫院了。」

沒多久，蟹江老師走進來，做了詳細的說明。

烏賊同學今天早上參加了足球社的練習。雖然在夏季的足球大賽後，他已經不再參加比賽，但還是和一班的蝦蛄同學一起參加了早上的團練。結果他跟八年級學弟相撞，傷到了腳，送往醫院，目前正在接受手術。只是即使手術順利完成，可能還是得住院一陣子才行。

「好可憐。」

河豚子同學說。當蟹江老師表示待會要去醫院一趟時，飛魚同學說他也要去。當然，老師沒有同意。他說，下週一有自習課，到時候大家再一起去探病。然後教務主任叫蟹江老師過去一趟，老師一走出教室，大家又開始亂哄哄了。

聽到受傷這件事，我心裡想，幸好夏季的球賽已經結束了。

因為我知道烏賊同學很期待參加那次大賽，而且也表現得很活躍。暑假結束、新學期開學時，烏賊同學和足球社全體隊員在全校集會中接受表揚。烏賊同學非常驕傲地將獎牌掛在脖子上。

體育課時，決定了運動會的參賽類別。我參加拔河，鯙魚同學和星鰻同學則是障礙賽跑；原本應該由烏賊同學參加的接力賽，則選出鯊魚同學代表參賽。鯊魚同學表示：「我會連烏賊同學的分也一起努力。」至於選手宣誓的事，還沒有任何人提起些什麼。

回到家後，發現媽媽已經先回來了。

晚餐是羊栖菜烏龍麵。好幾天前交給她的那張志願調查表，仍原封不動擺在桌上。得在舉行親師三方面談前交出去才行，可是媽媽到今天還是完全不提志願的事，只說些什麼奶奶有打電話來、松葉蟹先生的家在改建之類的話。

晚餐過後，我回到房間打開貝殼機。只玩了一下遊戲，就馬上關起來了。我覺得要是有朋友的話，貝殼機應該會更好玩吧。明天我打算早點起床。

約定的第三天　9月9日（六）

今天早上，我去探望烏賊同學。

在服務臺一說出烏賊同學的名字，對

方馬上告訴我到三樓病房。原本心想，要是飛魚同學他們也在的話，我就回家。不過誰也沒來。

一打開病房的門，見到腳上一圈圈捆著繃帶的烏賊同學躺在床上看漫畫。烏賊同學看到我，表情有點驚訝，只說了句：「你來啦。」

「唉，剛剛我爸媽只帶了三本漫畫給我。三本一下子就看完了。」

說著，烏賊同學闔上了漫畫書。

「我有帶書來喔。我想，烏賊同學你應該還沒看過這本。」

我從包包裡拿出暑假才剛讀完的小說。

「你還繼續在看這個系列啊。」

「嗯。」

這是一套以魔法學校為舞臺的小說，第一集被拍成電影的時候，我們才小學六年級。當時我們兩個一起去電影院看了那部電影。從電影院回家的路上，烏賊同學把原著小說借給我。第一集非常厚，我沒有什麼把握能讀完它，沒想到一旦開始讀，就停不下來，甚至連飯都忘了吃，一頁接著一頁往下看。最後全部讀完的時候，感覺自己好像做了什麼了不起的事似的，是個大人了。而借書給我的烏賊同學，我覺得他更像大人。我帶來的小說是那個系列的第三集。

「你的腳，狀況如何？很痛嗎？」

「好笑吧。班上根本沒人來看我。」

烏賊同學沒有正面回答我的問題，就只是唰唰唰地一邊快速翻著小說，一邊說道。我連忙告訴他，大家原本要來探病，只是蟹江老師反對，要大家下週再一起來。

「好吧。或許是因為這樣吧。」

烏賊同學看著天花板，喃喃自語。

「我們為什麼會變成今天這個樣子啊？」

國小的時候，我和烏賊同學是很好的朋友。不論是上學還是放學，我們總是在一起玩。

上國中後，烏賊同學開始參加社團，彼此就漸行漸遠了。我們共同存在的空間雖然不變，卻覺得兩人之間還有好多其他人介入。烏賊同學身旁總是圍繞著一群足球社的人；進了教室，還會有飛魚同學他們。而我身邊則有鱘魚同學和星鰻同學，於是離烏賊同學越來越遠。升上九年級，跟烏賊同學更是連個正常像樣的對話也沒有。我甚至認為，烏賊同學似乎是想隱瞞曾經跟我感情很好的事。

「怎麼覺得，好難啊。」

「是很難。」

「……不過，之前的那個。」

「選手宣誓代表？」

「啊，對。」

「宣誓其實沒什麼大不了的啦。那一天——就是星期一早上，飛魚同學說『我們這樣那樣做吧』，而且也跟鱒魚同學他們講好了。是說，你也不必怨恨鱒魚同學啦，他們那些人，不管飛魚同學說什麼，都沒辦法反抗，所以才會所有男生都跟著起鬨。事情發展成那樣，我也沒辦法逆風說什麼。而且即使是飛魚同學，他也不是真的想刁難你。他只是把這當成『有趣的事』，然後認定自己『必須做些有趣的事才行』。當然，這件事對小章來說很困擾吧。」

烏賊同學已經好久沒有叫我「小章」了——那個照理說應該已經消失，也沒人會那樣叫的小名。

「可是就因為那樣……」

「對你來說應該是飛來橫禍吧。而且到了隔天，飛魚同學根本已經把這件事忘得一乾二淨了。不過呢，選手宣誓什麼的，其實很快就結束了。我在足球大賽的時候也做過，很輕鬆的。小章你想太多了。」

「也許吧。」

「不過，唉……對不起啦。」

闔起手上翻動的小說，烏賊同學如此表示。我不太明白這個「對不起」是針對哪件事。不過，儘管不明白，在我聽來，就像是對許許多多的一切表示「對不起」。

「冰箱裡有果汁喔。」

烏賊同學說完，按了呼叫鈴，找來護理師協助自己坐上輪椅後往廁所去。病房裡剩下我一個人，我趕緊拿出筆記本，想趁著自己還沒忘記之前，把剛剛的對話寫下來。

「你在寫什麼？」

烏賊同學從廁所回來時，開口問我。

我連忙將筆記本藏進包包裡。

「喔，沒什麼。」

「什麼啦。你剛剛不是在寫什麼東西嗎？不要藏起來啦。」

我有點為難，小心翼翼地從包包裡拿出筆記本。

「呃……我是在記錄剛才的對話。」

「記錄？為什麼？」

「我跟人家約定好的。答應要寫下來。」

接著，我告訴他關於和寄居蟹叔叔約定的事。談起我遇見叔叔、叔叔那個神奇的窩、不成話語的念頭，還有在白珊瑚之森的對話內容。原本完全沒有打算要說的，但我全對烏賊同學說了。果然，說完後感覺非常舒暢。過程中，「真的嗎？」「酷耶！」「不太妙欸！」烏賊同學也傾身向前，興味盎然地回應我。

「我很想讓烏賊同學也見見寄居蟹叔叔呢。我想叔叔也會很高興，而且這比去學校有趣多了。」

「是吼。不過沒關係，我不用啦。」

烏賊同學望向窗外說。

「因為……說什麼也許還要再動一次手術才行，那樣的話，就要在醫院待更久了。」

「還要一次？」

由於烏賊同學實在表現得

太若無其事，我竟然忘了他受傷開刀，只顧著自己說話。

「腳還很痛嗎？你現在沒有在硬撐吧？」

「要說痛的話，昨天晚上是最痛的。現在吃過藥，感覺比較緩和了。我是不可能參加運動會了，之後上高中有沒有機會踢足球，也還說不定。」

這樣說來，我的煩惱啊，選手宣誓什麼的，根本微不足道。我一邊看著烏賊同學的側臉，一邊在心裡覺得有點不好意思。我只想到自己，完全沒替他著想。

「比起那些啊……」

烏賊同學突然轉向我。

「小章，你的日記也借我看吧。

不只給那個寄居蟹叔叔看，也讓我當你的讀者啦。裡面寫的事我不會告訴任何人的。直到我出院為止，你試著寫寫看嘛。比起其他任何書，我更想看的是日記。」

「這、這……」

「約好囉。小章跟我。」

我做了一個意想不到的約定，就這樣離開了醫院。完全不明白自己究竟是高興，還是害怕？

老實說，到現在我還是搞不太清楚。

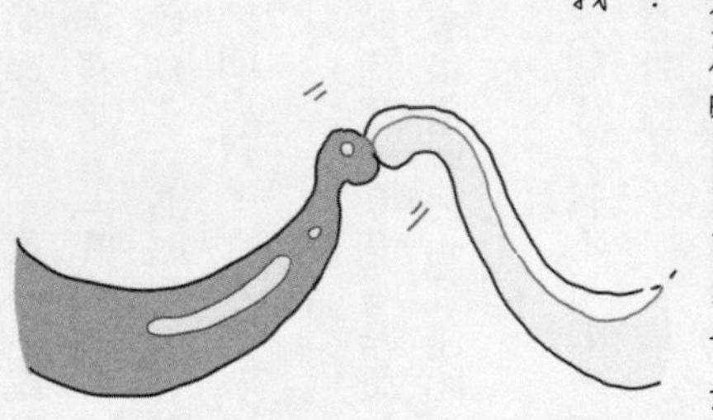

之劍，
地圖

第 4 章

探險冒險的

如何才能喜歡寫作？

「……事情開始變有趣了呢。」

那是叔叔說的第一句話。

因為是星期天的關係嗎？公園裡好多攜家帶眷的人，好熱鬧。那塊立牌依舊擺在公園入口處，呼籲大家小心背著白色貝殼的寄居蟹。叔叔那顆過度招搖的全新粉紅色貝殼，反倒讓他擺脫了眾人懷疑的目光。

「好，我們今天去珊瑚之森吧！」

「咦——還要去珊瑚之森？」

「不是啦，今天要去的是離岸邊比較遠、近海一帶的紅珊瑚之森。」

「蛤？你說紅珊瑚之森，那裡……」

「那是叔叔很喜歡的地方喔。」

紅珊瑚之森，那是從小就被嚴厲告誡絕對不能靠近的森林。那裡似乎是一個錯綜複雜的無盡深淵，是個小孩只要一不留神闖入，就再也出不來的恐怖森林。然而叔叔卻完全不聽勸告。

前往紅珊瑚之森的路上，叔叔不時「嗯，嗯」地一邊用力點頭，一邊讀著我的日記。

「……事情開始變有趣了呢。」

「嗯。好像變得有點麻煩了。」

「所以，你的日記也會給烏賊同學看吧？」

「對啊，跟他說好了。只是不知道有沒有辦法寫到他出院為止就是了。」

「這件事呢，持續下去一定比較好。當然，除了因為是和烏賊同學的約定外，也是為了你自己。因為啊，不曉得你自己有沒有察覺到，你的日記一天比一天有趣了呢。」

「真的嗎？」

「是呀，真的。第一天和第三天就完全不同。」

「可是第一天根本沒什麼好寫的。說不定是因為第三天有很多東西想寫，差別才會那麼大吧。」

「不是的。不是因為這樣。」

到達森林入口後，叔叔便翻開我第一天的日記。

「章魚次郎，第一天你原本打算寫什麼？」

「寫什麼？就日記啊。」

「對吧！你寫的就是非常像『日記』的東西。那麼在你打算寫日記的當下，你最先思考的是什麼呢？」

「當時的狀況是怎樣啊……一開始，先回想當天發生過的所有事情，然後感覺像是從早上開始，按順序去寫。」

「原來是這樣。那第二天的日記呢？」

「嗯——寫法應該都差不多。喔，因為那天早上有個重大事件，所以應該是覺得非寫它不可，才開始寫的。」

「反過來說，第一天並沒有什麼重大事件？」

「嗯。不論是去學校還是回到家，該說是有點空虛嗎？還是說都沒人理我？

所以寫起來很辛苦。」

「第三天如何呢？」

「我覺得無論如何都必須寫烏賊同學的事。待在病房的時候就已經很想寫了，還偷偷做了筆記。就算在回家的公車上，心裡也一直很激動。所以感覺上寫起來很快。」

「原來如此，原來如此。也就是說，只要有『想寫的東西』，就能寫得很開心。對吧？」

「嗯。」

「反過來說，要是沒有『想寫的東西』，那天就會寫得很辛苦。」

「就是啊。是勉強自己才寫出來的呀。」

「不過呢，既然要持續下去，你難道不希望每天都寫得很開心嗎？不論當天有沒有『想寫的東西』都一樣。」

「喔，理想狀態是那樣沒錯，可是，不可能覺得開心的啦。」

「為什麼？」

「呃……因為我原本就不喜歡寫作呀。」

「那樣的話，答案很簡單。就讓自己變得『喜歡』寫作吧。」

「什麼？」

「每天持續做著不喜歡的事，不是很悶嗎？既然如此，把它變成自己喜歡的事情就行了。我想，應該沒有什麼比這個更單純的事了。」

「欸……叔叔你沒事吧？你到底在說什麼啊？」

「章魚次郎，你一定會喜歡上寫作的；至少，我有辦法能讓你開心寫作。」

「開心寫作的方法？」

「對。今天就來聊這個吧。關鍵字是『表達力』。」

一說完，叔叔便鑽過掛有「禁止進入」字樣的纜繩，進入紅珊瑚之森。

「啊！不可以進去！你會出不來的！」

叔叔對我的叫喚充耳不聞，貝殼時不時擦撞著珊瑚，就這樣走進了森林的深處。

如果「詞語的色筆」增加了？

「叔叔，你說關鍵字是『表達力』……這是因為你覺得我的文章寫得很糟，才這麼說的嗎？」

「不不不，不是這個意思。所謂的『表達力』，跟自由有關。」

「自由？表達力？」

「是的。用這個來說明就會更容易懂。」

叔叔說著，側過身來。仔細一看，貝殼側邊綁了很多畫具，有畫筆、畫布、素描本、色鉛筆、蠟筆，還有好幾種顏色的噴漆。

「……這是什麼？」

「是我做生意時的重要工具。」

「做生意的工具？叔叔，難不成你是畫家？」

「哈哈哈……沒那麼厲害啦。不過就是像塗鴉之類的東西罷了。」

叔叔拿出一本素描簿，交給我。

「來，我問你一個問題。假設現在開始，你要用色鉛筆把眼前所見的景色畫下來，並且確實塗上顏色。」

「嗯。」

「然後，這裡有十色的色鉛筆，還有一百色的色鉛筆。如果是你，會選哪一盒？」

「當然是選一百色的啊。」

「為什麼？」

「因為可以使用的顏色多一點比較好呀。那樣才能畫得更精確？還是應該說比較漂亮，不是嗎？」

「說得也是。跟是否擅長畫畫沒關係，可以用的顏色還是多一點比較好，能表現的範圍更廣。」

「嗯。」

「換個說法，那就是能『變得更自由』。」

「變得自由？」

「是呀。能用的顏色很少，就沒辦法依自己所想的去畫，必須在某些地方退讓、妥協，甚至是放棄。但另一方面，如果能用的顏色很多，就完全不需要忍耐，可以照自己想要的自由發揮。」

「原來如此。說不定真的是這樣。」

「而這樣的概念，同樣可以用來說明關於詞語的運用。當我們打算寫點什麼的時候，能運用的顏色越多，能表現的範圍就越廣；這意思是說，能運用的顏色——也就是『能運用的詞語』越多越好。」

「能運用的詞語？」

「就是詞彙量。知道的詞彙越多，並且如果懂得運用的話，文章就越顯得豐富多采。而且詞語的色鉛筆有成千上萬種色彩，也有無限種組合。」

「嗯，的確感覺起來很多的樣子。」

「舉例來說，你剛剛無意中用了『很多』這個詞彙，如果能從這些色鉛筆裡頭去挑選的話，應該可以展現出更多不同的風貌吧？」

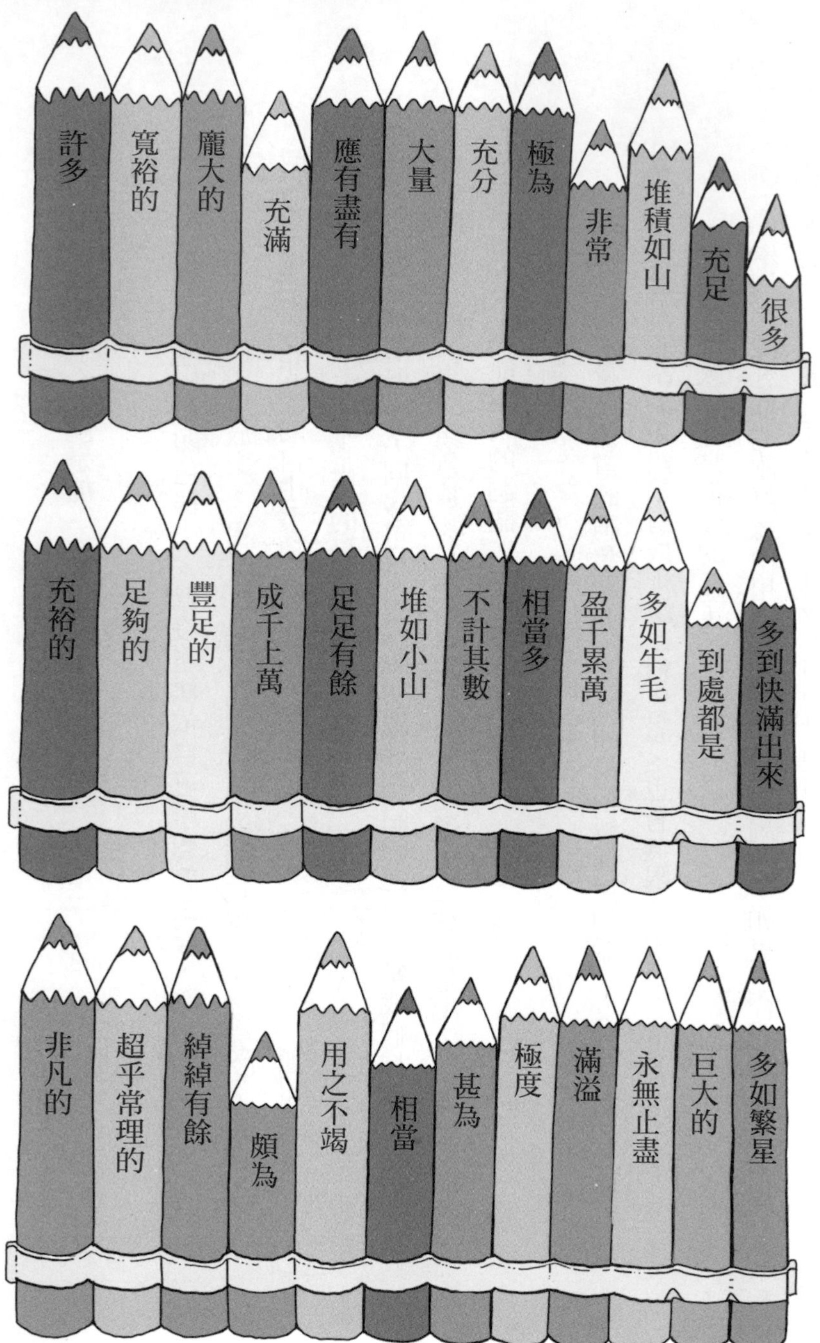
許多
寬裕的
龐大的
充滿
應有盡有
大量
充分
極為
非常
堆積如山
充足
很多
充裕的
足夠的
豐足的
成千上萬
足足有餘
堆如小山
不計其數
相當多
盈千累萬
多如牛毛
到處都是
多到快滿出來
非凡的
超乎常理的
綽綽有餘
頗為
用之不竭
相當
甚為
極度
滿溢
永無止盡
巨大的
多如繁星

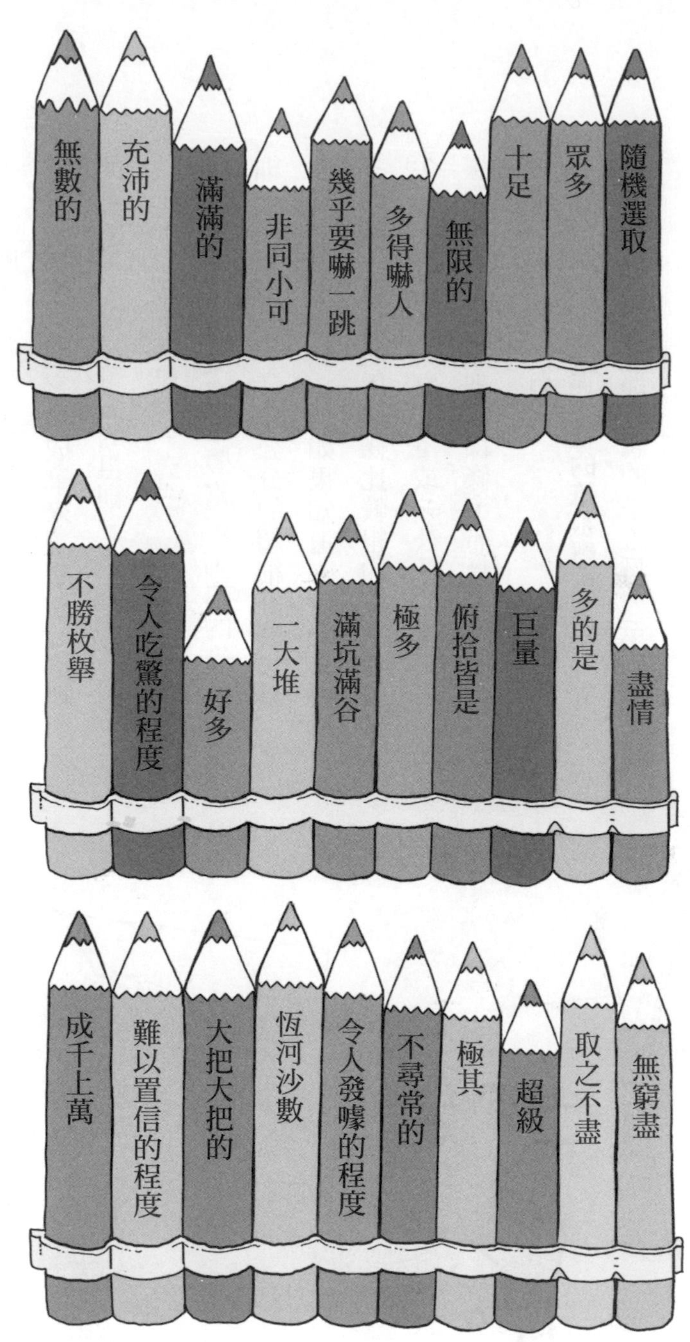
無數的
充沛的
滿滿的
非同小可
幾乎要嚇一跳
多得嚇人
無限的
十足
眾多
隨機選取
不勝枚舉
令人吃驚的程度
好多
一大堆
滿坑滿谷
極多
俯拾皆是
巨量
多的是
盡情
成千上萬
難以置信的程度
大把大把的
恆河沙數
令人發噱的程度
不尋常的
極其
超級
取之不盡
無窮盡

數也數不完

「哇！」

「看吧。就像這樣，如果擁有更多詞語的色筆，就能讓寫作這件事變得有趣。」

「嗯，看起來是這樣沒錯，不過……」

「那麼，把它換成筆來想想看。這裡所說的詞彙量，就是筆尖的粗細。」

「筆尖的粗細？」

「對。詞彙量越豐富，詞語的筆尖就越細。如果用〇．〇一公分的超細針筆去寫，就能描寫得很細膩。但如果知道的詞彙量沒那麼多的話，就只能用線條比較粗的筆了，像是筆尖〇．五公分的原子筆或一公分的奇異筆。那樣的筆畫不出很細的線條，而且只能描繪粗略的圖案。」

「喔……我懂，粗的筆很難用。」

「當然。這部分說的是工具，至於真正的

表達力又是另外一回事。不過，關於先準備好工具，應該可以算是個簡單明瞭的目標吧？」

「可是你說的詞彙量要怎麼增加呢？還是要讀很多書、查字典嗎？」

「這個嘛，雖然讀書和查字典也都很重要，不過詞彙這種東西啊，如果只是『知道』的話，沒有任何意義；必須是『可以用』的東西才行。」

「可以用的東西？」

「也就是說，不能只是『擁有』一百色的色鉛筆，要是沒辦法『運用』它們的話，根本毫無意義。只當成像學校功課那樣去死背硬記是不行的。」

「那要怎麼做，才會變成可以用的東西？」

「實際去用用看。比方說，閱讀的時候不光是用眼睛，也試著出聲念念看。這樣就是同時進行『閱讀』和『運用』，對吧？聽廣播或有聲書也可以。耳朵聽到的詞彙，會以聲音的形式進入大腦。這就是為什麼念出聲音來，會讓我們更容易運用。」

「不用的話，詞彙就不會增加？」

「我是那麼認為的。所以呢，愛看書的圖書股長認得的詞彙雖然多，但話劇社或廣播社的同學說不定才真的擁有豐富的詞彙量。因為他們不光是閱讀，實際上還『運用』許多詞語。」

如果以慢速播放來觀看世界

「嗯——這樣就能讓寫作變得開心嗎？」

「會慢慢改變。比方說，遊戲真正變得有趣，通常是在你已經記得規則和操作方法、開始覺得上手之後，對吧？」

「嗯。」

「其實比起說『上手』，更應該說是因為『做得到的事』增加了，所以才變得有趣。」

「因為做得到的事增加了？」

「是的。了解規則、記住操作的訣竅，於是能比較不費力地打敗敵人、躲避攻擊，結果就變得有趣了。讀書是這樣，運動是這樣，學習才藝也是這樣，所有事都一樣。只要『做得到的事』增加了，就會變得有趣；『做得到的事』很少，就很難樂在其中。至於寫作，如果擁有更好的表達力，『做得到的事』就會明顯增加，也就能更自由地發揮。」

我對遊戲的例子非常有感觸。小學的時候我學過鋼琴。始終彈不好的我，學不到半年就放棄了。至於能靈活使用八隻腳把鋼琴彈得很棒的章魚澤老師，看起來就既開心又自在。寫文章這件事，也會是這樣嗎？

「所以叔叔的意思就是要先增加詞彙量，對吧？」

「不，詞彙量不過是色筆的『數量』而已。在工具的運用上，『筆法』也很重要。」

「筆法的意思是？」

「就是時間。」

「時間？慢慢寫嗎？」

「這雖然也很重要，不過應該像是『文章裡流動的時間』的感覺？現在，我們再把第一天和第三天的日記拿出來做個比較。第一天的日記，你說你打算寫下『當天的紀錄』對吧？把當天發生的事，依序從早上開始寫，還有回家後發生了什麼事也都寫進去。」

「嗯。」

「另一方面，第三天的日記則完全不同。」

「嗯，幾乎只有在醫院的事。」

「請你回想一下，當時在烏賊同學的病房裡大概待了多久？」

「待在病房的時間嗎？呃……我是中午前到的，然後待到烏賊同學的午餐送來為止……大概一個鐘頭左右吧？」

「我想應該差不多吧。不過章魚次郎，關於這短短一個鐘頭內所發生的事，你卻寫了這麼多。」

「嗯。」

「回頭來看，第一天的日記又如何呢？同樣是一個鐘頭內發生的事，差不多每個地方都只寫個兩、三行就結束了，不是嗎？」

「啊……的確是。」

「寫日記時容易掉進去的陷阱就在這裡。即使想寫些什麼，卻只寫了幾行就結束；雖然打算認真好好寫個日記，卻依舊簡單地三言兩語就記錄完畢。就像是『我去上學。音樂課很有趣。回家後打遊戲。吃完晚餐繼續玩遊戲。』之類的感覺。」

「對，我的暑假日記全都像這樣。」

「這個呢，就是『慢速播放的文章』和『快轉的文章』的差異。」

「慢速播放的文章？」

「舉例來說，假設在夏天吃了冰棒，通常就會寫：

『吃了冰棒。』

「或是再大不了多寫一點：

『因為很熱，所以吃了海葡萄口味的冰棒。』

「這樣就結束了。」

「嗯。」

「然而實際上應該還有這麼多畫面才對。」

覺得很熱的畫面
往冰箱走去的畫面
從冷凍庫裡拿出冰棒的畫面
ウミブドウ ICE
拆開包裝的畫面
ICE
從袋中取出後，看著冰棒的畫面
大快朵頤咬下第一口的畫面

嘴裡感覺到冰涼的畫面
因身體急速冷卻而頭痛的畫面
香甜滋味化開的畫面
盯著剩下半支冰棒看的畫面
再嘗一口的畫面

「如果將這些場景細細區分，再一一描繪出來，會變成什麼樣子呢？來試著寫寫看吧。」

那天，從一大早就很熱。

想吃冰棒的我，搖搖晃晃地往冰箱走去。

一打開冷凍櫃，裡頭正如原先所想的，只剩一支。

讚啊！我振臂比出勝利的手勢，悄悄地拿出來。

這是以藍色塑膠袋包裝、海葡萄口味的冰棒。

我小心打開袋子，祖母綠色澤的冰棒露出臉來。

熱到受不了的我大口一咬。

冰棒的冰涼沁透燥熱的口中。

接著，我小口小口地慢慢咬，海葡萄清爽的香氣穿透鼻腔，柔和的甜味在嘴裡化開。咕嘟一吞，讓冰流進胃裡，然後再咬一口。

因為吃得太急，腦袋一陣刺痛，我雙眼緊閉。

冰棒還剩半支。

我心想，身體的燥熱既然也退了，接下來就慢慢地仔細品嘗吧。

「你看，是不是和只寫『吃了冰棒』完全不一樣？」

「不一樣。完全不一樣。」

「而且並沒有寫得浮誇。心中真正的感受，其實可以用慢速播放的方式將非常細微的部分表達出來。事實上，我們對許多事都有數不清的感受，只是沒有察覺到罷了。」

「大家都是那樣寫的嗎？」

「是呀。比方說，章魚次郎，你應該讀過這段文章吧？」

我是一隻海膽。還沒取名字。在哪兒出生的我也搞不清楚，只記得好像曾經在一個昏暗潮濕的地方咻咻哭著。我在這地方頭一次見到章魚這種生物。而且後來才聽說，那是章魚之中最凶惡的一種叫做學生的族群。據說這所謂的學生經常會抓我們這些海膽煮來吃。不過當時我因為沒什麼想法，也就不特別感到害怕。只有在被他托上掌心倏地往上拎時，感覺有那麼點輕飄飄的而

已。在那手掌上稍稍定神後所瞧見的學生臉蛋，應該就是我生平初次見到的所謂章魚吧。當時心想「這傢伙可真怪」的那種感覺，到現在都還記得。先說那張原本應該要有硬刺妝點的臉上竟然光溜溜的，簡直就像個茶壺似的。

「啊，這個我知道！」

「這就是那本有名的《我是海膽》*的開頭。雖然描寫了很多細節，但仔細一讀，其實是在說明『被生平初次見到的章魚拎起來，然後看見章魚的臉』這樣一個極短暫的畫面。只不過，因為是用慢速播放的方式去寫，所以文章讀起來非常豐富有趣。」

「真的，真的。這個我懂。」

「用慢速播放的鏡頭去觀看世界，用慢速播放的影片重現『當時』。光是這樣，文章的表達力就能完全不同。其實，你的日記在第三天突然變得生動有趣，就是因為在病房中所發生的事是用慢速播放的方式去描寫的緣故。」

活在細密的「話語之網」中

「那我第一天的日記……」

「幾乎沒有慢速播放的部分，算是『快轉式的文章』吧。整篇是用三倍或五倍的速度在描寫。」

「原來如此。」

「當然，確實也有以三倍或五倍速鏡頭拍攝的時候，因為不可能所有場景都用慢速播放的手法。不過，至少一個地方也好，在文章某處以慢速播放的方式去描寫，如此一來就能表現得更豐富多采，用字也會更細膩；要是再加上足夠的詞彙量，就更加強大了。」

「的確是！現在這個慢速播放的想法，我十分認同。」

＊此處致敬夏目漱石的名作《我是貓》。

「嗯。即使告訴你『要寫得細膩一點喔』，說不定也很難體會。但是以『用慢速播放的方式去寫』來說明的話，應該就很容易理解了吧！」

「不過，像剛才那篇冰棒的文章，我也寫得出來嗎？我覺得自己好像不管什麼事，都是用五倍速的攝影機在觀看。」

「不不不，這樣的話，順序反而就顛倒了。我們不可能打從一開始就拿著慢速攝影機。只有當我們『打算寫下來』的時候，能慢速播放的攝影機才會拿在手上。」

「打算寫下來的時候？」

「舉個例子。現在我們正走在紅珊瑚之森裡。你可能因為很專心在走路，所以並沒有好好觀察這一根根紅色的珊瑚，我也是。因為聊得太投入，所以只會覺得這些紅珊瑚是『障礙物』。可是實際上呢，不論是紅珊瑚的色澤、枝條的形狀、流過我們雙頰的海水溫度、傾瀉而下的陽光，我們應該都看到了，也感受到這些，即使自己並未意識到這件事。」

「嗯。」

「然而就在我們試圖『要寫下來』的那瞬間，攝影機便切換成慢速播放。來，你看，即使是一分鐘也好，你在心裡想著『要寫下來』，然後向前走。」

紅珊瑚之森，比我的身高還要高出許多。
是一些有著暗紅色，喔，不，
是有點像叔叔的貝殼一樣，有著淡粉紅色的紅珊瑚。
地面上盡是凹凸不平的岩石，會游泳的我倒是還好，
但是對叔叔來說似乎很不好走。
而且，叔叔的貝殼有好幾次「嘎啦嘎啦」地被珊瑚的枝條卡住。
為什麼叔叔不惜遭遇這些麻煩，也要大費周章地帶我來這？
枝條的光影在腳邊亮閃閃晃動著。
穿梭在枝條縫隙中的小丑魚寶寶們十分可愛。

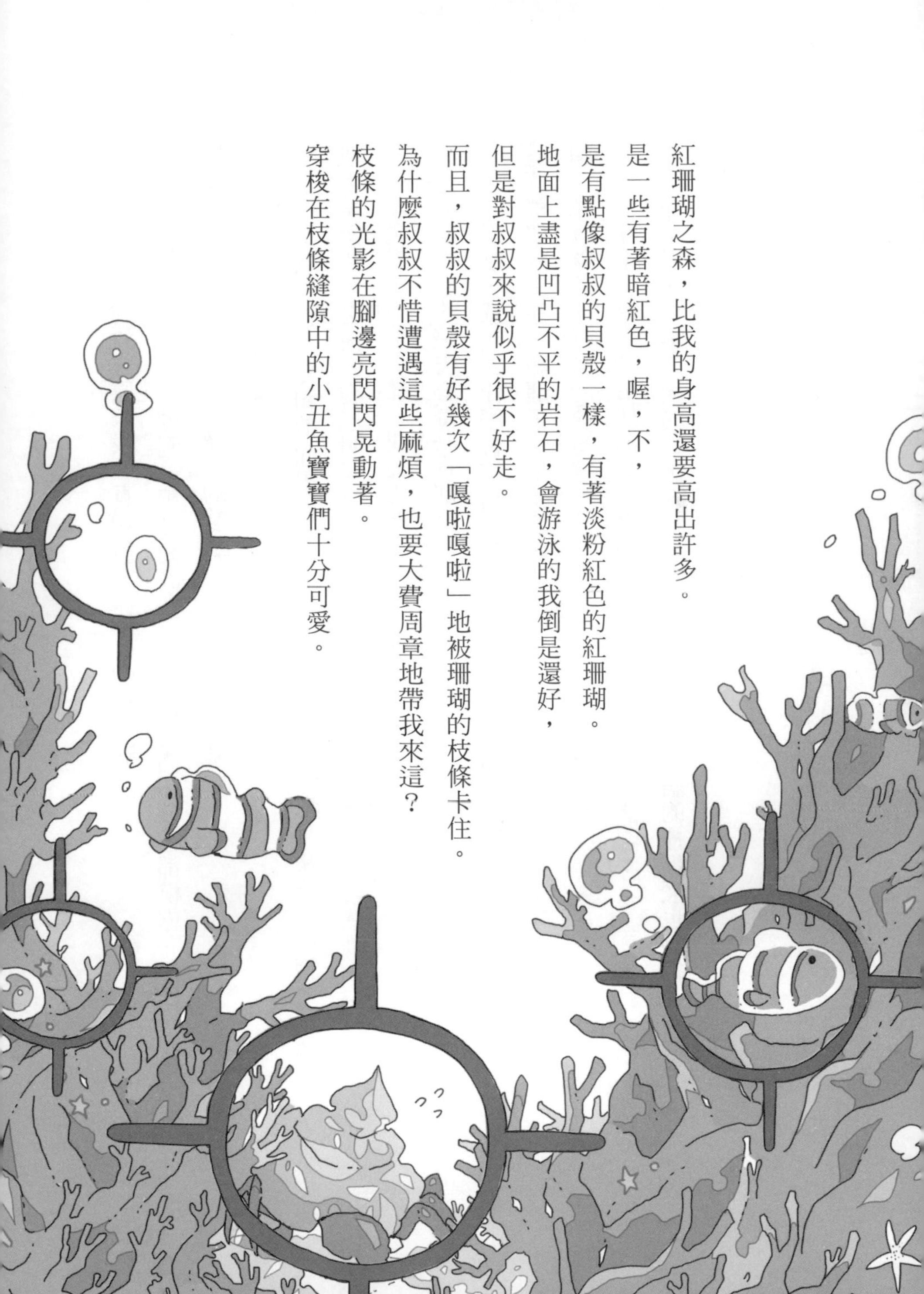

「……真的欸。原來我一直過著視而不見的日子啊。」

「我們不斷看到、聽到、感受到許多事物，但它們卻幾乎都模糊一片地從意識溜走。用來捕捉這種『溜走的感受』的網子，就是話語。」

「用話語捕捉感受？」

「是啊。這部分和前面提過『選擇語詞草率急躁』也有關連。你讀了《游吧！美樂斯》之後，心裡明明有很多感受，結果卻只寫下了『非常感動』。寫完後，才發覺『不是那樣，我真正感受到的其實更多更廣』。」

「嗯。我的讀書心得一直都是像這樣。」

「那麼，感受為什麼會被模糊帶過呢？應該是因為你只顧著閱讀。你只是緊追著那個故事往下讀罷了。要是能像剛才那樣，一邊想著『要寫下來』，一邊閱讀，應該就能捕捉到許多感受吧？」

「喔——原來是這樣。是一邊想著『要寫下來』，一邊閱讀……」

「不過，你第三天的日記確實做到了慢速播放，話語的捕捉網也夠細密。你認為那是怎麼回事？」

「……因為和烏賊同學聊得很開心？」

「不不不。你回想一下在病房裡的自己。為了不忘記對話內容……」

「啊！是筆記！」

「沒錯。因為你當場做了筆記，所以不會變成三倍或五倍速，而是有辦法寫出慢速播放的文章。你有把日記本帶在身上嗎？」

「沒有……我放在書包裡忘記帶來了。」

「沒關係，也可以用貝殼機的記事功能。突然想到的隻字片語、讓你在意的某人所說過的話、心裡惦記的景色或聲音……只要有凡事記錄的習慣，寫日記這件事也會變得很開心喔。」

「為什麼會變開心？」

「因為筆記就是『話語的存款』呀。一樣是要買東西，身上能花的錢越多，一定越開心吧？白天認真記錄，儲存話語的存款，到了晚上再盡情揮霍——在那個叫做『日記』的心靈迷宮裡。」

如寫信般做筆記

「原來是這樣啊。筆記就是話語的存款。叔叔，你說得真好。的確，我離開烏賊同學待的醫院後，就一直想著：『好想趕快把筆記拿出來用！』」

「用貝殼機拍下自己在意的畫面也是記錄的方法之一喔。因為它能幫助我們一看到照片，就回想起『當時』的感受。」

「啊，你這麼一說，有些人上課的時候會拍下黑板上的字代替筆記。只不過萬一老師發現的話會生氣就是了。」

「喔——那樣是不太好。如果是話語，最好不要用拍照的，還是用手寫記錄比較好。」

「為什麼？」

「從前從前呢，有個哲學家叫波格拉底*。他不但沒寫過任何一本書，甚至非常討厭寫文章。」

「因為寫文章很麻煩嗎？」

「不是。正好相反，是太方便了。依他的說法，書寫是『將記憶託付給紙張』。只要寫下來，就算把那些東西都忘了也無所謂。因為紙張會幫我們記住。如果不論什麼事都依賴紙張的話，我們就不會再動腦了。這就是他的主張。」

「喔……這麼一說，好像也是。」

「拍下黑板上的字就是這樣。只要拍下來，就會覺得很安心，既不會想去記住，也不會去思考。單純把老師所寫的字滴水不漏地全部抄下來，其實不太好的原因就在這裡。全神貫注在抄寫上，根本沒注意聽講；至於老師所說的話，也完全不動腦思考。因此儘管筆記本身做得非常完美無瑕，但考前就算反覆閱讀筆記，還是一樣看不太懂自己在寫什麼。」

「啊——那根本就是在說我嘛。」

「這件事會出現兩個問題：一個是上課時沒認真聽老師講課，在完全沒思考的情況下做筆記。」

「嗯。」

＊此處致敬蘇格拉底。

「另一個問題就是像複製貼上那樣，直接照抄黑板。」

「咦？可是記筆記不就是抄黑板嗎？」

「章魚次郎，你之所以寫筆記，是為了將來準備考試時要拿出來複習吧？也就是說，是為了『未來的自己』做筆記，對吧？這和寫日記是一樣的。對筆記而言，也會有一個讀者，叫做『未來的自己』。」

「……呃，確實是。」

「總之，筆記的目的不是為了『照抄』黑板。而是為了之後應該會再次閱讀的自己、像寫信那樣去書寫的東西。」

「像寫信那樣去書寫……說是這樣說，具體上該怎麼做才對呢？」

「意思是說，不是只有『照抄』黑板，還要在旁邊『寫下』自己的想法。」

「所謂『自己的想法』是指什麼？」

「比方說，上數學課，假設你聽不懂老師講的某些內容。這時候你可以在抄下來的公式或算式旁邊註記『？』，就等於標記了一個『這裡不懂』的記號，對吧？」

「嗯。」

「換句話說，準備考試的時候，只要重點式地針對有『？』的部分就可以。

因為沒有標記『？』的地方全都是『應該已經會了』的內容。又或是說，在非常有趣的內容旁邊標註『！』，然後針對這部分如何有趣寫下註解。當你重新翻閱筆記時，光是這些備註，應該就足以讓你擁有完全不同的理解度。」

「欸——好像很有趣耶。」

「記事情也是一樣。假設現在你拿出筆記本，打算記錄這段對話。這時候，如果只是抄下我說的話，之後再看到時，反而有可能看不懂。你應該確實寫下『當時自己想到的事』，或是畫線、圈起來，標記『？』或『！』，透過各種方式傳達給『未來的自己』。」

「因為我沒想到那麼多，所以就會變成只是抄錄下來的筆記囉？」

「是呀。用複製貼上的方式寫筆記，除了有可能讓人看不懂到底在寫些什麼，也可能讓讀者產生錯誤的解讀。寫文章時，要注意的正

是這種地方。」

將大拼盤分裝成小盤

「錯誤的解讀？」

「對。錯誤解讀文章是很常見的。只要是有『接收者』的溝通，就絕對無法避免誤解的可能。但我們還是有辦法盡可能減少誤解。」

「怎麼做？」

「我們是透過文章向對方傳達自己的感受或想法對吧？」

「嗯。」

「而所謂的誤解，就是自己的感受或想法以『不同於原本的樣貌』傳達後所產生的。」

「嗯嗯，沒錯。」

「那麼，什麼情況下會以『不同於原本的樣貌』傳達出去呢？舉例來說，假設你為了慶祝奶奶的生日，打算宅配巧克力給她。那是你自己非常喜歡、不會隨便介紹給別人的巧克力。」

「嗯。」

「可是呢，你覺得既然要宅配，只送一片巧克力有點可惜。於是你在同一個箱子裡又裝了軟糖、糖果，還有你最喜歡的昆布片。」

「呵呵。吃了甜的，就會想再吃鹹的呀。」

「可是收到包裹的奶奶會有什麼感覺呢？收到很多點心，她一定會很開心。只不過，原本希望她『吃吃看這種巧克力！』的心意可能無法正確傳達。傳送到她那裡的訊息說不定會變成『吃吃看這種軟糖！』或是『多吃一點！』之類的。在其他零食的遮蓋下，巧克力很可能就被忽略了。」

「啊——很有可能！」

「總之，不論要傳達任何事情，簡單明瞭很重要。不要在箱子裡裝滿很多零食，而是只送一片巧克力過去，才能正確傳達你的心意。」

「原來是這樣啊。」

「用簡單的話語直接傳達。不要一口氣在一個大盤子上放很多菜，因為味道會摻雜在一起。如果菜色很多，就用不同盤子去分裝。這是傳達訊息給讀者時的貼心表現。」

「『不同盤子』是指？」

「就是不同篇文章。假設你想傳達A、B、C三項訊息好了。要是在一篇文章裡同時裝入A、B、C的話，讀者會混淆。」

「比方說？」

今天，我搭公車去上學，可是在校門口附近看到飛魚同學的身影，突然感到害怕，結果下不了公車，就和坐在旁邊的金眼鯛奶奶一起搭到終點的市民公園站。

「假設你在日記開頭寫下這段文字。嗯……你寫的這些事是看得懂沒錯，不過，似乎有哪裡不太容易理解，很難掌握內容的重點。這就是一個大盤子上裝了很多訊息的狀態。所以我們把這段話像這樣分開來看看。」

今天，我搭公車去上學。

在校門口附近，我看到飛魚同學的身影。

我突然感到害怕。

結果我下不了公車。

結果就那樣搭著公車，直到終點的市民公園站。

我身邊坐著金眼鯛奶奶。

「好，這樣看起來如何？」

「嗯，乾淨俐落。雖然不太自然，但簡單明瞭。」

「你說的沒錯。以文章來說，分割到這種程度會覺得很不自然，而且給人一種很幼稚的感覺。可是變得簡單明瞭，意思也比較容易傳達了，是吧？」

「確實可以傳達。全部都分裝成小盤了。」

「一段文字只寫『一個訊息』。超過兩個以上，就分段個別傳達。光是這樣做，應該就能減少很多誤解喔。」

跟著叔叔繼續往前走，眼前的森林突然開闊了起來。

這像什麼？

「來，這裡是我很喜歡的地方，也是今天想帶你看看的景色。」

穿過紅珊瑚之森後，前方等待我們的是一片有藍色、粉紅色、黃色、紫色，視野遼闊、一望無際的大草原。色彩繽紛的草原左右搖擺、閃爍眩目，宛如一片會讓人迷失其中的夢境般美麗。

「太──酷了!!這是什麼?!」

叔叔對著等不及就要往下飛奔、衝向草原的我喊了一聲：「危險！」阻止了我。

「不可以下去。這些全都是海葵，身上帶有會使人麻痺癱軟的毒素。不小心碰到的話就糟糕了。」

「海葵？這片漂亮的草原嗎？」

「章魚次郎，大家都說不可以進入紅珊瑚之森對吧？那一定是為了不讓人們來到森林盡頭的這片海葵草原，為了保護大

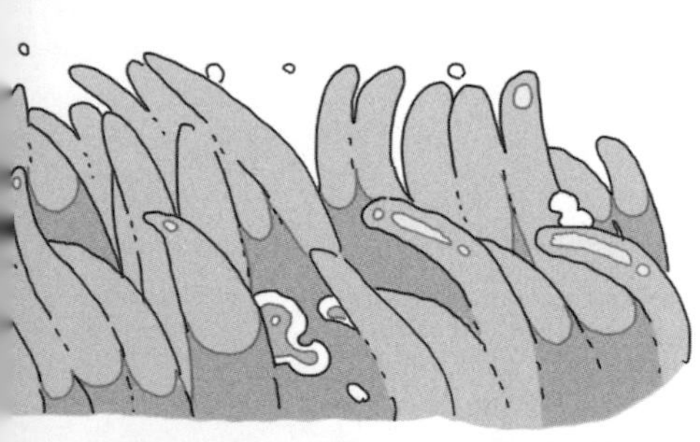

家才訂下的規矩吧？」

「唉唷，那種事怎樣都無所謂啦。我從來沒見過這麼漂亮的景色。好酷，超酷，真的太酷了。」

「我為什麼想讓你看看這片草原，你知道嗎？」

「因為你很喜歡這裡的風景吧？」

「當然，我非常喜歡海葵草原的景色，也想告訴你有這樣的地方。但不只是這樣喔，我其實還想知道你會如何描寫這裡的風景。」

「欸——太過分了吧。叔叔是為了叫我寫日記才帶我來的嗎？」

「哈哈哈。這樣不好嗎？試著想想看，如果是你，會用什麼樣的話來形容？」

「哎呀，除了『酷』之外，我已經無話可說了。一句話，就是『漂亮』。雖然也可以描寫海葵的顏色或搖曳生姿的模樣，但我的感受就是『酷』或『漂亮』啊。感覺沒有其他的話可以形容了。」

「這種時候呢，就試著想想看『這像什麼』，一定能看得到潛藏在『酷』或『漂亮』底下的真正感受。」

挖掘出專屬於自己的主題

「真正的感受？」

「當然，你的『酷』也是真正的感受。不過，假設你在貝殼機上看到有趣的影片，那時候所說的『酷』，想必和現在見到海葵草原時的『酷』是不一樣的。這裡所說的『酷』應該是比較特別的。」

「嗯，和其他的不一樣，完全不一樣。」

「但是你用話語表達的時候，卻只想得到『酷』這個字。這種時候要思考的，就是『這像什麼』。」

「呃，你是說要找出跟海葵很像的東西嗎？」

「不是不是。是要找出和你現在感受到的『酷』很類似的『酷』。」

「嗯？什麼意思？」

「我想，從出生到現在，你在成長過程中一定有過無數次感動的經驗。像是看了某一部電影非常感動、受人幫助而打從心底感激對方，或是看了漫畫後淚如雨下……相信有過各種很『酷』的經驗。」

「是這樣沒錯。」

「在那些經驗之中，最貼近你現在見到海葵草原所感受到的『酷』，是哪一種『酷』呢？」

「呃……最相似的嗎？不知道欸。雖然我說過好幾遍，但我真的從來沒看過這樣的風景。」

「不一定要是風景。像是吃到美味的食物、解開一直無法解答的題目、在美術館看了依卡索的《格索尼卡》*等都可以啊。」

「嗯……好難。這可以當成回家作業嗎？」

「那麼，你試著用不同場景去想想看。你記得之前提過的金眼鯛奶奶吧？」

---

* 此處致敬畢卡索的名作《格爾尼卡》。

「當然。」

「奶奶開口關心你的時候，你感覺如何？」

「覺得非——常『開心』啊，還有很『感謝』之類的。」

「那麼，那種『開心』或『感謝』和其他什麼狀況很相似呢？你認真想想當時的感受。」

「這個嘛……當時我全身僵硬，肚子也一陣一陣抽痛。不過，奶奶對我說的一句話讓我感覺放鬆了，還是該怎麼說……」

「嗯嗯，很好，很好。」

「所以，要說有什麼狀況很相似的話，像是在很冷的早晨喝了一碗熱湯？湯的溫熱慢慢傳送到胃裡，最後跟著血液在全身遊走的那種感覺。非常像。」

「喔——很不錯呢。這麼說來，『奶奶說的話』就像『冬天早晨的一碗熱湯』，然後共同點是『溫暖』？」

「嗯，溫暖……呃，雖然是這樣說沒錯，不過覺得光是用『溫暖』來形容還不夠。」

「怎麼樣不夠？」

「好像有一種……用極端一點的說法，就是覺得自己馬上要死掉、快沒氣那樣，全身硬邦邦地僵在那裡。寒冷的冬天早晨也是這樣。然後在那樣的處境下得救的感覺……」

「沒關係，慢慢想。」

「……這個嘛，像是一種『獲得分享』的感覺？」

「分享什麼？」

「要說是溫暖？還是奶奶的體溫？『分享體溫』或許是最接近的說法。奶奶的話也好，冬天早晨的熱湯也好，對我來說，都像是一種擁抱我的內心、分享體溫給我的感覺。」

「太棒了！你找到很棒的說法。既然如此，可以用『拯救我的那句話』為題目，來描述在公車上發生的事。」

「題目？」

「對。說是主題也行。你看，就像你之前也說過，小學的作文會訂題目，像是『遠足記趣』或『回顧六年小學生活』之類的對吧？可是日記沒有題目，所以大家都用『當天發生的事』來交差了事，純粹當成紀錄。」

確實，寫日記最痛苦的就是沒有題目。正因為寫什麼都行，反倒不知道該寫什麼才好。

「所以，為每天的日記訂個題目比較好。金眼鯛奶奶跟你搭話，讓你覺得開心、感謝。將那些感受挖掘出來，用『拯救我的那句話』這個題目去寫；然後往『對深陷痛苦的某人說句話，如同分享自身的體溫』這樣的答案去發展。」

探險的地圖在哪裡？

「等等等等……等一下。好難喔，我的腦袋都打結了。首先要思考『相似的事物』……」

「順序很簡單。一開始是思考『這像什麼』。以剛才的例子來說，就是像冬天早晨的一碗熱湯，對吧？

「接下來，是思考『哪裡相似』。在這個步驟才第一次出現了『溫暖』這個形容詞。

「在繼續往下挖掘的過程中，又浮現出更具體的『分享自身的體溫』這樣的關鍵句。」

「嗯。」

「對深陷痛苦的某人說句話，就像擁抱他的心、並將自己的體溫分享給他一樣。我們會因為微不足道的一句話而得救。那種溫暖，暖和了我們寒透的心。這樣的內容不是很棒嗎？我認為，如果只是回想金眼鯛奶奶本身，很不容易出現這樣的答案。」

「是不會出現沒錯……」

「寫讀書心得時也一樣。讀了《游吧！美樂斯》之後，覺得感動、熱血沸騰，甚至落淚。於是思考那種感動『像什麼』，從過去的記憶中尋找感受相近的經驗。然後，比方說，你發現這很像之前看《游泳高手》*那套漫畫的感受。」

「《游泳高手》！叔叔你也看過嗎？」

「對呀。是很有趣的漫畫。當你找到類似的感動之後，接著要思考『哪裡相似』。於是呢，我想想，例如出現了『友情』這樣的關鍵詞。只不過，稍微再耐著性子繼續思考看看……最後得到的解答，就是專屬於你自己的答案了。同樣是閱讀《游吧！美樂斯》，但是你有辦法根據專屬於自己的主題去寫心得。」

「……那麼，關於這片海葵草原，也只要依同樣的步驟去寫就行嗎？」

「是啊。首先，回想一下過去那些與現在感覺到的『酷』或『漂亮』相近的感受。接著思考『哪裡相似』，不斷反覆思考直到自己滿意為止。我認為如此一來，就不會只是『酷』或『漂亮』，而是會浮現出專屬於你自己的答案和主題。」

「可是啊，覺得『酷』就直接說『酷』不好嗎？為什麼要想得那麼複雜，還要挖掘自我、找什麼主題？」

「這是為了潛入心靈迷宮，明白自己該前進的道路。」

「該前進的道路？」

「今天所說的詞彙量，或是慢速播放的表達力，都是為了能在心靈迷宮自由自在探險不可或缺的寶劍。只要擁有這把劍，就能無所畏懼地踏上旅程。而藉由『相似的事物』找到的主題，則是指引自己應該前進的道路，是冒險的地圖。要解開謎題，一定少不了地圖吧？章魚次郎，你今天同時得到寶劍和地圖呢！」

叔叔並沒有迷失在紅珊瑚之森。大概是因為他知道自己應該前進的道路。他在這座如同心靈迷宮般危險的森林中自由自在地探險。我也能像這樣進入自己的心靈迷宮嗎？閃閃發亮的海葵草原，異常耀眼。

＊此處致敬漫畫家井上雄彥的名作《灌籃高手》。

章魚次郎的日記

約定的第四天　9月10日（日）

在寄居蟹叔叔的帶領下，我進入了紅珊瑚之森。

這是我頭一次進入這座森林。不論在學校還是鎮上，大人總是一再告訴大家不要靠近它。

猛一回頭，已經見不到入口處。我心想，要是在這裡跟叔叔走散了，說不定就再也出不去了。

小時候，我以為紅珊瑚之森是個又暗又危險、感覺上連鬼怪都會跑出來的地方。不過事實上，森林裡幾乎可說是明亮眩目，燦爛耀眼。暗紅色的枝條向四處伸展，光影閃爍浮動。地上的岩石雖然凹凸不平，但還是有許多小丑魚在裡頭游動穿梭。

「來，我們到囉。章魚次郎，這就是我想讓你看的風景。」

穿過紅珊瑚之森後，眼前是一望無際的大草原。草原上色彩繽紛，有紅色、藍色、粉紅色、黃色、紫色……各種色彩層層疊疊，各自隨著洋流搖擺晃動。

我不由得拔腿，打算飛奔衝向草原。結果叔叔大聲說著：「危險！」並用大螯制止了我。原來那片草原全都是帶有危險毒素的海葵，我差點就要投身其中了。這有如夢境般的景色像是什麼呢？

我小時候曾在童話書裡聽過海葵的故事。

在大海的某處，有一座閃亮的海葵城堡。在這片美到極點的景色誘惑下，迷路的魚兒們進入了城堡。但是這些魚被迫喝下麻藥，就此受困在城堡裡。於是村中的第一勇士——小丑魚士郎打算救大家出來。對出生在海葵村裡的小丑魚士郎來說，麻藥根本沒用。小丑魚士郎讓那些受困的夥伴吃下解毒海草後，帶他們平安歸來。就是這樣的故事。

小時候的我，無法理解為什麼大家會進入海葵城堡。

不過現在的我似乎可以體會。

之前，我也曾在凝望著波光粼粼的海面時心想：多希望自己就這麼消失不見。那是錯把寄居蟹叔叔的貝殼當成岩石躺下來時發生的事。當時的我正為了許多事苦惱：在學校被欺負的事、被迫在運動會代表選手宣誓的事、在全校面前被嘲笑的事、填志願的事、生來就是章魚的事……讓我的腦袋極為混亂。

逃離黑暗的現實生活來到公園時，有片刻的寧靜，還有耀眼的光。於是我想要去「那裡」。想拋棄沒有光、沒有任何東西的「這個世界」去「那裡」。這就是當時「想要消失不見」的那個念頭。

搖曳生姿的海葵，看起來像是在對我招手。

「不要待在那個坑坑巴巴的岩石區，你也下來這裡吧。」

「你已經疲累不堪了吧？來這軟綿綿的床上休息吧。」

它們看似這麼說著，反倒讓我十分害怕。太漂亮的事物會魅惑人心。

「差不多該回去囉！」

叔叔低沉的聲音讓我回過神來。定睛一看，他已走進森林。直直穿過森林的那一頭，現實世界等著我們。這個星期天也即將結束了。我們要回去的地方只有一個。我急忙追上叔叔。

約定的第五天　9月11日（一）

從早上開始，大家的心情就很浮躁。今天已經說好，大家要利用第五、六節課的時間去探望鳥賊同學。但不曉得消息是哪裡走漏的，鳥賊同學可能要再動一次手術的事已經傳開了。

「這樣子的話，絕對趕不上運動會的；就算出院了，還是要坐輪椅。」

鯊魚同學用冷淡的口吻強調「絕對」兩個字，一口斷定。聽到他這麼說，飛魚同學看起來有點不安。

吃完午餐、午休一結束，大家就在蟹江老師的帶領下前往醫院。不論是搭公車，還是從公車站前往醫院的路上，走在男生最前面的都是鯊魚同學。飛魚同學不時找鯊魚同學搭話，兩個不知道在聊些什麼，有說有笑的。

蟹江老師一打開病房的門，烏賊同學臉上立刻露出有點驚訝的表情。鯊魚同學、飛魚同學，還有其他人陸陸續續跟著進去，病房裡立刻擠得水洩不通。

「這次真是辛苦你了。還會痛嗎？」

聽到老師的話，烏賊同學搖搖頭。

「現在還是上課時間吧？其實不用專程過來啦。」

「雖然你這麼說，但大家可是很擔心你的喔。」

女同學們拚命點頭，其中不知道是誰開了口：「手術沒問題吧？」

「剛剛我們問過主治醫師了，下禮拜說不定可以出院。」老師說。

「復健順利的話應該可以啦，但要是再動一次手術，好像就得延後了。」

「然後，老師有件事，該說是跟你商量呢？還是說提個建議……」

蟹江老師很快地往我這裡瞄了一眼，接著繼續說：

「怎麼樣，烏賊同學，運動會的選手宣誓還是由你來吧？參加不了接力賽，至少可以擔任選手宣誓代表。」

「喔喔喔——」周圍發出了驚呼聲。

接著，河豚子同學拍起手來，大家也立刻跟著鼓掌。鯨魚同學朝我背後猛地一拍，用力點頭。他應該是想說「這樣不是很好嗎？」吧！

「小……章魚次郎同學同意那樣做嗎？」

對於烏賊同學說的話，蟹

江老師「有啊有啊」地大聲回答。

「欸，章魚次郎，你同意對吧？現在狀況變成這樣了，你會同意交棒給烏賊對吧？」

當然，這是我第一次聽到老師這麼說，不過也沒有任何理由拒絕。不如說，這是讓人打從一開始就覺得理當如此、再自然不過的安排。我默默點了點頭。

結果烏賊同學看著我的眼睛說：

「……那，小章，我們兩個一起吧。」

病房裡鴉雀無聲。不論是烏賊同學的提議，還是「小章」這個稱呼，完全出乎所有人意料之外。

「哇哈哈哈……那你……哇哈哈哈！」

「我不是在開玩笑。」

對於打算用笑聲敷衍的蟹江老師，烏賊同學果決地說。

「喔……呃，是沒關係啦，可是選手宣誓……」

「並沒有規定只能一個人參加吧？再加上，如果還要動手術的話，我很可能去不成。」

飛魚同學瞪著我，眼神就像是見到吸附在岩壁上的藤壺般。接著他用鼻子「哼！」了一聲，又似乎在鯊魚同學耳邊說了些什麼。

「我會努力讓自己恢復到可以出院的程度。選手宣誓的問題，請跟學年主任帝王蟹老師商量看看。」

事情並未如心中所想順利發展，蟹江老師就這樣帶著難以接受的表情，要求大家離開。女同學們一邊紛紛說著「加油！」「期待你回來喔～」的話，一邊揮著手說再見，男生則幾乎都態度冷淡地走出了病房。

烏賊同學為什麼在大家面前叫我「小章」？又為什麼開口要我跟他一起代表選手宣誓？回到家後，我還是不斷在想這些事。總覺得似乎有點不太妙。

約定的第六天　9月12日（二）

「欸，章魚次郎，昨天那個『小章』是怎麼回事？」

早上一進教室，飛魚同學就突然黏了上來。我告訴他，那是我小學時的綽號。

「喔喔——所以那傢伙為什麼突然叫你什麼『小章』啊？而且還說什麼要兩個人一起宣誓。」

「那傢伙」？他說烏賊同學是「那像伙」？我從來沒聽飛魚同學叫過烏賊同學「那傢伙」。教室那一頭，鯊魚同學他們正一邊朝這裡看，一邊咧嘴偷笑。

「我不知道他為什麼那樣叫我，但是宣誓代表的事不就像烏賊同學說的那樣，他連能不能出席運動會都還不知道嗎？」

飛魚同學很明顯一臉不悅，敲了敲我的桌子後，便回到自己的座位上。

「好了，好了，沒關係啦。」

鯊魚同學安撫飛魚同學的聲音，在安靜的教室裡迴盪著。結果今天從一早開始到放學，班上的氣氛都不太自然。

叔叔說，觀察很重要。

他說，要認真觀察，才寫得出慢速播放的文章。

我今天，不，可能從昨天就開始了，一直在觀察飛

魚同學的狀況。我在觀察飛魚同學的變化。然後我明白了一件事。

飛魚同學……怎麼說呢，是需要依附領導者的那種類型。

直到烏賊同學受傷前，班上的領導者一直是他，所以飛魚同學只要跟在他身邊就可以了。對於擔任副手這個位置，飛魚同學已經習以為常。可是烏賊同學一住院，飛魚同學沒有人可以依靠，自己的地位也岌岌可危，於是很自然地轉而擁護鯊魚同學。鯊魚同學就這樣成了班上的領導者，而飛魚同學再次找回副手的位置。多半再過幾天，那種尷尬不自然的感覺就會消失，連老師他們都將認同鯊魚同學的領導地位了吧。至少，在烏賊同學回學校上課前都會是那樣。

這麼說來，最一開始想讓我成為選手宣誓代表的，好像也是飛魚同學。烏賊同學後來回想當天的班會時表示，「事情發展成那樣」他也沒轍。在這個班上，實際上掌控事情發展的，說不定不是領導者，而是副手在決定的。

回到家，吃過晚飯，我在房間裡玩《閃電七人隊》*的遊戲。我雖然不擅長運動，卻喜歡玩足球遊戲。我想，等烏賊同學出院後，也許可以找他一起玩。

玩遊戲的當下，貝殼機不斷傳來訊息。群組聊天室向來只要十分鐘左右就會靜下來，不過今天的訊息卻傳了三十幾分鐘。說不定發生了什麼事。我打開貝殼機，看到訊息文字上出現了無數個「章魚次郎」。

「這件事情很大條吧？」

「章魚次郎，你不要當做沒看到。」

「我就說一定是他。」

「你在幹嘛啊，章魚次郎？」

「是不是跟老師說比較好啊？」

「我之前就覺得他最近怪怪的。」

「等等，快笑死欸。」

「章魚次郎，出來解釋一下啊，你這個笨蛋。」

把累積了好幾百則的訊息往上滑，最上面貼了一張照片。那是我和寄居蟹叔叔走在公園裡的照片。上傳照片的是鱒魚同學。

「這張，和章魚次郎在一起的不是那個可疑人士嗎？」鱒魚同學這麼寫。

「他的殼是粉紅色的，我認為和那個寄居蟹不是同一人喔。」

我只回傳了這句話，就蓋上了貝殼機。已經過了將近一個小時的現在，貝殼機仍持續接收上百封訊息。

＊此處致敬RPG遊戲《閃電十一人》。

以書寫的理由

第5章

我們之所真正

無法對他人說的事，也無法對自己說

「好吧，要從哪裡說起呢？」

叔叔把日記讀到最後，拿下老花眼鏡說。

這天，我一樣沒去上學。反正去了也只會被飛魚同學他們纏住，問我一些關於叔叔或為什麼蹺課的事。要是回答得太奇怪，他們搞不好還會去跟老師打小報告，不如不去。

「那塊立牌的事，章魚次郎你也知道吧？」

「……嗯。」

「很早就知道了？」

「第一次見面那天，在回家路上看到的。」

「那你為什麼沒有問我立牌的事？」

「……因為，叔叔就是叔叔啊。我覺得你應該是因為一大早開始就在公園裡躕躕的緣故，才會被懷疑。不過，大家只是不知道你的事而已；至於我，是認識你的呀。」

「謝謝你。章魚次郎，你真貼心。」

這一天，叔叔沒有說明目的地，直接往海底深處走去。一定是為了避開大家的目光吧。洋流和緩，但相對的，陽光照不太進來，海水也有些冰冷。究竟打算走到哪裡去呢？我開始有那麼一點不安。

「……不過呢，叔叔還是希望你能好好說出口。」

「啊？可是我如果對誰說了，叔叔你很可能會被抓走欸！」

「嗯。是那樣沒錯啦，但至少你可以跟我說立牌的事，那樣不是比較好嗎？像是『我看到公園門口有這樣的立牌，那到底是怎麼回事？』之類的。而且實際上，立牌上所寫的是不是事實，你也沒跟我確認過吧？」

「是、是那樣沒錯啦……」

「章魚次郎，你聽好了。我們攬在身上的那些『無法對任何人說的事』，也幾乎都是『無法對自己說的事』。」

「無法對自己說的事？」

「對。你還記得『未成話語的泡沫』吧？在我們的腦子裡，那些尚未組成話語的念頭就像漩渦一樣打轉。如果不讓它們成為語詞，那些打轉的東西就不會消失。然而，有時候就算轉換成話語，也會讓人有所遲疑。為什麼呢？因為轉換成話語這件事，同時也意味著要讓它『成為現實』。」

「什麼意思？」

「一旦轉換成話語，就必須正視那些原本不用面對也沒關係的現實。像是某人那種討人厭的樣子、自己很軟爛的一面，或是自己真正的處境等。」

「……!!」

「然後這一次，你害怕面對那塊立牌和我。你並沒有直接找我確認，假裝什麼都沒發現，什麼也不知道，想維持現狀就好。」

「呃，不是，或許是那樣啦，可是我……」

「那麼，就由我來說吧。那個白殼寄居蟹的確是我，立牌上所寫的也全都是事實。叔叔現在是以可疑人士的身分被通緝中。離開這座小鎮也是遲早的事。」

「什麼……?!」

「事情就是這樣。來到這個鎮上後，我開始找那些看起來很孤單寂寞的孩子們搭話，就像當初找你說話那樣。其中，也有些孩子曾進過我的屋子。那些孩子離開後，對憂心尋找他們的家長說『受到寄居蟹叔叔的邀請』，說在『這樣的房子裡玩』，提起那個比大海還遼闊的房間——然後不知不覺間，我已經被通緝了。」

確實如此。我發現自己終於完全理解這一切了。之前，我沒辦法告訴爸爸媽媽有關叔叔的事，不是因為我蹺課，也不是因為那塊立牌，而是因為我沒有把握能把叔叔那間比海還要遼闊的房子解釋得很清楚。因為我知道，說出來誰都不會相信，只會徒然引起風波。

「……叔叔，你要離開了嗎？」

「最近吧。原本以為搬進粉紅色貝殼後暫時不會有事。既然那張照片已經傳開，我不得不考慮離開這裡。」

看著沮喪的我，叔叔溫柔地笑著。不知何時，語詞水母已經在叔叔頭上游動盤旋。

「沒事的。不會給章魚次郎帶來麻煩的。」

我們憑藉著語詞水母的亮光，就這樣往更深更暗的海裡走去。

如何讓抱怨或咒罵從日記裡消失

「來，我們轉換一下心情，說說日記的事吧。」

像是要鼓勵我似的，叔叔以宏亮明快的聲音說。

「章魚次郎，你的日記非常好喔。尤其是那篇寫海葵草原的，很棒。那是怎麼寫出來的？」

「……就是照叔叔教我的那樣去試試看啊。首先找出和自己看到海葵草原時所感受到的『酷』或『漂亮』相近的事物。結果，我想起第一次見到叔叔時，躺在叔叔貝殼上的那些事。」

「是你碎念著『好希望就這樣消失不見』那時候的事吧？」

「嗯。當時海面波光粼粼，完全就像海葵草原一樣——那種異樣的美感。」

「異樣的美感？」

「就是……那種和白珊瑚之森的漂亮完全不同的感覺。」

「不錯喔、很好。連『不相似的部分』也想到了。」

「然後，在思考海葵草原和閃爍的海面有哪裡相像的時候，我想到的是『可怕之處』。」

「可怕之處？」

「要是一直盯著看的話，漸漸的，會覺得神智恍惚，就像要被吸進去似的。」

「當時的海葵也會讓你覺得像要被吸走嗎？」

「嗯。會不明所以地想跳進去。不過，不論是看著閃爍的海面也好，還是看著海葵草原的時候，最後都是叔叔的聲音救了我——大概可以說是被喚醒、讓我回到現實中吧！」

「哇哈哈哈，這麼說起來，好像是欸。那麼回到現實之後，感覺如何？」

「覺得『只好回來啦』。」

「喔——可以再說得仔細一點嗎？」

「怎麼說呢，像是電視上或是其他地方，有很多大人會說：『要是覺得辛苦，也可以逃避喔。』所以我也蹺了課。可是像學校啊，考試啦，朋友之類的，不論再怎麼樣逃離，都不是能輕易逃得了的，最後還是會被帶回原來所在的位置。所以，雖然可以逃避，但終究還是要回來；畢竟自己只是個國中生。該怎麼說呢……很想快點變成大人啊。」

「……跟自己對話，看起來你也確實做到了呢。」

「嗯。感覺好像達成了一點點。」

「其他天如何？第五天、第六天的日記呢？」

「那個嘛……呃……」

「怎麼了嗎？」

「……那我老實說，叔叔你不要生氣喔。我在想，日記是不是不要再寫下去比較好。」

叔叔停下腳步，盯著我的眼睛看。

「為什麼會那樣想？」

「就是剛才叔叔你說的『無法對自己說的事』。如果把它們寫出來的話，就會看到很多自己不好的部分。像是說朋友的壞話、對學校的抱怨，或是對爸爸媽媽的不滿……從腦袋裡跑出來的盡是這些東西。當然，實際上不會真的寫出來啦，自己也不想看到這些。可是有這麼多咒罵的字眼出現，幾乎都是自己很討厭的。」

「原來是這麼回事。」

叔叔用看似鬆了一口氣的表情說道。

「這是剛開始寫日記時，有很高機率會出現的陷阱。說起來，這也是因為我們常常在日記上寫下『煩惱的事』才會導致的。畢竟對自己而言，那是最迫切的話題。」

「嗯。」

「然後要詳細描述煩惱時，再怎麼小心，都會變成像是在咒罵那些使自己陷入痛苦的『那傢伙』或『這傢伙』。」

「對，我超有同感。」

「又或者，也有反過來拚命責備自己的那種日記。像是『我怎麼會做出那種事』『我沒救了』『我是笨蛋』『根本沒有活著的價值』這樣的感覺。意外的是，這種受情感驅使的自我譴責，跟文字裡沉重的意涵完全不同，反倒常常很輕易地就脫口而出。」

「這個我也懂。就像是說話說到興頭上時，其他的話也會接二連三地跟著說出來。」

「這種時候，很重要的一點是要和負面情緒保持距離。或者我們可以說，正是為了跟它保持距離，才要把它寫出來。」

「要怎麼保持距離呢？」

「只要把那些負面情緒當成過去式就行了。」

「過去式？」

「比方說，在日記上寫『我是笨蛋』。這是來自於『現在的自己』與『當下的感受』對吧？」

「嗯。」

「另一方面，如果把它寫成『我是笨蛋。我曾這麼認為』，試著用過去式來表現。這麼做，負面情緒與自己之間就能產生一點點距離了吧？」

「……用過去式的話，就會變成『過去那個當下的感受』的意思？」

「正是如此。所以你要是想罵誰，不必壓抑，可以直接寫出來喔。只是要用過去式來表現。不要寫『我最討厭飛魚同學』，而是寫『當時的我最討厭飛魚同學』，如同這件事已經處理完畢那樣。」

「這樣就能轉換心情嗎？」

「至少這個辦法對我滿有用的。以過去式的手法，當成已經解決完畢的事去寫。如此一來，也會與『當時為什麼最討厭他？』的提問有所連結。一邊回答自己的提問，一邊在日記上寫下來。等到最後寫完的時候，語詞水母也已經為你把這些都整理好放在書櫃上了。」

將煩惱分成兩類

「可是啊，因為要寫，所以得面對一些之前不想面對的現實，要知道一些過去不想知道的自己的黑暗面，不是嗎？那不是徒增煩惱而已？倒不如打從一開始就什麼都不要寫還比較好。」

「叔叔的想法正好相反。不論寫或不寫，『那樣的自己』『那樣的現實』一樣都在，不是因為寫下來才增加煩惱——它本來就已經存在，我們只是看不到而已。所以要藉由書寫，讓我們走向解決煩惱之道。」

「你說的『解決』是？」

「我希望你能這麼想：有個裝了很多『煩惱』的箱子，現在我們想把這個大箱子裡面的東西好好整理一下。」

我想像一個裝滿廢棄玩具的箱子。

「至於要怎麼整理呢？這邊我們拿出兩個小箱子，一個是『思考』的箱子，一個是『擔心』的箱子。」

「思考和擔心？」

「比方說，你在想運動會當天的天氣。雖然你心裡想著『要是風平浪靜就好了』或『萬一暴風雨來了很討厭』，可是像這種下禮拜或兩週後的天氣什麼的，就算你再怎麼想，也拿它沒轍，對吧？」

「嗯。」

「再怎麼思考都不會有答案的事，或是自己無從干涉的事，這樣的煩惱就放進『擔心』的箱子裡。」

「除了天氣之外，還有什麼其他的例子嗎？」

「這個嘛，像是『不知道那個女生覺得我怎麼樣』這樣的煩惱，很明顯的是『擔心』，對吧？因為就算自己想破頭，也不可能知道答案。」

「……嗯。那『思考』的箱子呢？」

「舉例來說，你在想運動會當天的選手宣誓。不論是要說些什麼，還是該怎麼進行，這些都是有可能提出解答的事，對吧？所以我們要把它放進『思考』的箱子裡。」

「可是我很擔心選手宣誓耶！應該算是擔心的事吧？」

「區分的方式很簡單。就算只有一項，凡是有『現在的自己做得到的事』，這樣的煩惱就放進『思考』的箱子，而且有進一步思考的價值。相對的，如果『現在的自己做得到的事』連一項也沒有，那就放進『擔心』的箱子並收到櫃子裡。再思考也沒用，因為自己什麼也做不了。」

「所謂『自己做得到』的事情是指？」

「思考，是為了獲得解答，是轉往解決煩惱的方向。比方說，選手宣誓這件事，如果只是想著『真討厭哪』『我不想做啊』，那就什麼也解決不了。必須思考『現在的自己做得到的事』，煩惱才有可能解決。」

「那，關於選手宣誓，有什麼是現在的我能做的嗎？」

「當然有啊。可以在自己房間裡練習，和烏賊同學討論看看也不錯，或是找老師商量都好。我認為只要寫下來，並且去思考，『現在的自己做得到的事』也會浮現出來。」

「現在的我做得到的事……」

「要思考的，不是未來的你能做什麼，而是現在的你做得到什麼。接著，

再依照自己找到的答案實際去執行。如此一來，煩惱的泡沫應該就能收拾乾淨了。」

如果將「我」當成「某人」來看待

我在心裡想像「思考」的箱子和「擔心」的箱子。

的確，類似下週天氣好不好的話題，應該放進「擔心」的箱子裡；至於選手宣誓、升學考試之類的，一定是放在「思考」的箱子吧。是時候好好思考一下，也差不多該決定志願了。可是**那件事**要怎麼辦？**那件事**要放在哪個箱子裡呢？

（不要欺負我啦——）

那本有著章魚塗鴉、皺巴巴的課本浮現在我眼前。

「……可是我覺得，我的煩惱既無法放進『思考』的箱子，也不屬於『擔心』的箱子欸。」

「這是什麼意思？」

「對我來說，最大的煩惱就是我身為章魚這件事。因為是章魚，所以臉會變紅、會吐墨汁，對吧？這些都是無可奈何的。不論寫得再多、思考得多詳盡，都絕對無法解決這件事。所以我認為自己只會一直煩惱下去，只會繼續討厭自己而已。雖然這些事是叔叔這種幸福的寄居蟹不會懂的。」

「……原來如此。你因為自己身為章魚而煩惱，覺得自己如果不是章魚就好了。但是，我覺得章魚其實很帥呀。有好多隻手和腳，身體很柔軟，可以自由輕快地游泳，又有噴墨汁這種必殺技。章魚次郎，如果你能更客觀地看待自己，心情應該也會有所轉變吧。」

「客觀地看待自己？」

「嗯，就像把自己當成故事中的主角去看待。」

「怎麼做？」

「將自己寫的日記稍微加工一下就可以囉。比方說，我們來看看第四天，也就是去海葵草原那天的日記。」

叔叔快速翻動我的日記。

「對，一開頭這裡剛剛好。」

在寄居蟹叔叔的帶領下，我進入了紅珊瑚之森。這是我頭一次進到這座森林裡。不論在學校還是鎮上，大人總是一再告訴大家不要靠近它。猛一回頭，已經見不到入口處。我心想，要是在這裡跟叔叔失散了，說不定就再也出不去了。

「在這篇日記中，你用『我』來稱呼自己對吧？」

「嗯。因為那就是我啊。」

「那麼，把稱呼自己的方式像這樣改改看，會變成如何呢？」

在寄居蟹叔叔的帶領下，章魚次郎進入了紅珊瑚之森。這是章魚次郎頭一次進到這座森林裡。不論在學校還是鎮上，大人總是一再告訴大家不要靠近它。猛一回頭，已經見不到入口處。章魚次郎心想，要是在這裡跟叔叔失散了，說不定就再也出不去了。

「欸——？」

「不過三個地方而已，只是將日記中的『我』改成『章魚次郎』，其他部分一個字都沒動。來，你讀讀看、比較一下，感覺如何？」

「太厲害了。怎麼……有一點……像小說。」

「有趣吧。以文法來解釋的話，『我』是第一人稱，『章魚次郎』是第三人稱；而一般來說，日記都是用第一人稱來寫。像這樣，只是將日記改用第三人稱來敘述，就會給人如此不同的印象。」

「哇！好厲害喔！真有趣。感覺有點不像是自己。」

「將名字改成虛構人物的話，會更不像自己喔。比如像這樣……」

在寄居蟹叔叔的帶領下，鰕虎五郎進入了紅珊瑚之森。這是鰕虎五郎頭一次進到這座森林裡。不論在學校還是鎮上，大人總是一再告訴大家不要靠近它。猛一回頭，已經見不到入口處。鰕虎五郎心想，要是在這裡跟叔叔失散了，說不定就再也出不去了。

「哇——這樣改完，簡直完全不像自己了耶。」

「不過，在那森林裡游動的還是你——是你的分身『鰕虎五郎』。用這種方式，會不會讓你覺得自己成了故事中的主角？」

「……會吧，好像會。」

「要說有什麼訣竅的話，就是從一開始就盡量在文章裡多用第一人稱的『我』來敘述。寫完之後，再用類似『鰕虎五郎』這樣的第三人稱去替換。換好之後，再修改覺得不通順的部分。光是這樣，應該就足以讓『我』成為冒險故事的主角了。」

來自日記裡的「另一個自己」

將日記中的「我」換成不一樣的用語。那麼做，的確會覺得經歷那些事的不像是自己，而且似乎變成了小說還是什麼東西的主角之類的。這讓我大感驚訝。只不過，總覺得哪裡怪怪的。好像自己被唬弄似的，總有種悶悶不樂的感覺，揮之不去。

「……好像太假了。這種做法，不就只是用不同的字眼敷衍了事嗎？」

「敷衍了事？」

「你看嘛，不論再怎樣用鰕虎還是鯨魚來替換，現實生活中的我依然是章魚啊！可悲的章魚不就活生生的在這裡嗎？煩惱根本不可能解決！」

「是這樣嗎？假設你把自己的日記當成『鰕虎五郎』的故事來讀。」

「……嗯。」

「日記裡的『鰕虎五郎』會不斷思考很多事。每天有各式各樣的事情發生，有好多事要煩惱。有時可能會為了一件事連續苦惱好幾個星期，也有可能上週的煩惱現在已忘得一乾二淨。為了好吃的點心感到開心，或是因為跟朋友吵架而情緒低落，每天都有各種狀況。」

「嗯，整個讀起來應該是像這樣沒錯。」

「當你用這種方式回頭再讀的時候，也許會覺得『鰕虎五郎真是個不錯的傢伙』，或是『鰕虎五郎真的很努力欸』『看起來好開心的樣子』。等到日後，可能就會覺得鰕虎五郎心中的煩惱其實微不足道。」

「但那明明就是我的煩惱啊！」

「是啊。只不過，如果是只會寫個一、兩次的作文，那就毫無意義。必須是每天持續不斷的日記才有效果。」

「為什麼？為什麼不是日記就沒有效果？」

「所謂的日記，除了自己以外，通常不會有其他人看吧？」

「嗯。」

「也就是說，在日記中沒必要說謊。不必裝乖，不必耍酷。是可以用語言描述全新自我的唯一管道。」

「……可是，我雖然沒有說謊，但也沒有完全寫出真心話欸。原本很想寫星鰻同學的壞話，不過後來沒寫；飛魚同學的部分也是，就含混帶過了。」

「的確啦。突然要寫真心話確實有難度；不過，只要每天寫就知道了。不論是說謊、裝酷，還是隱藏自己的真心話，絕對沒辦法天天這樣做。只要每天持續去寫，那些多餘的修飾都會褪去，全新的自我必然會出現。這就是日記非常了不起的地方。」

「只要每天持續就可以？」

「是啊。我就把話說白了。我們寫讀書心得時會說謊，寫作文會說謊，那已經是無可避免的事了。為什麼無法避免？因為學校的老師或朋友會看到，因為文章將成為其他人評論的對象，所以下筆時會顧慮他人的評價。」

「作文……會說謊？」

「因為這是在顧慮他人目光的情況下編造出來的東西。正因為如此，才要持續去寫除了自己以外不會有其他人看的日記。不是為了獲得稱讚，也不是要跟旁人競爭，只要撇除一切目的、持續不斷地寫就好。這樣的日記要是連續寫個好幾年，你覺得會變得怎樣？」

「……會怎麼樣？」

「將從日記裡誕生『另一個自己』。」

「啊？」

「然後漸漸的，你會喜歡在那裡的自己。這是千真萬確的。」

「『另一個自己』的意思是？」

「是一個和在學校裡的自己、

「只有章魚次郎你才知道的另一個自己有點不同，

「即使在大家面前老實溫順，

「在日記裡卻滔滔不絕。

「可以不必顧忌任何人，

「盡情述說自己的想法。

「而且那不是虛偽的自己，

「是真實存在、沒有半句謊言的另一個自己。

「至少，只要你一翻開日記，『他』就在那裡。」

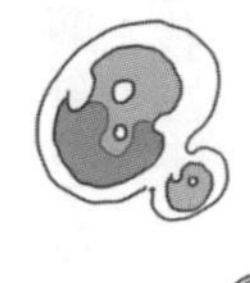

漆黑的海裡，原本應該什麼也看不到，卻突然覺得視野明亮了起來。

叔叔之所以建議寫日記的原因，我終於明白了。

和烏賊同學在一起的自己、和飛魚同學在一起的自己、和星鰻同學在一起的自己、和爸爸媽媽在一起的自己……同樣都是「我」，卻不只一個。在不同的地方，有不同的「我」。只要我繼續寫日記，就會有「另一個自己」出現。即使無法喜歡在教室裡的自己，卻可以喜歡「日記裡的自己」。在心靈迷宮盡頭等待的「大魔王」，不是惡龍，而是自己。

「……來，差不多到達目的地了。我們一起下去吧。」

前方的高度比這裡要低得多，只見叔叔往前一跳，輕輕落在海底。地面上的細砂一陣飛揚。接著，我也往下跳。語詞水母所照亮的前方，可以看到深藍色的水湧了出來。叔叔從貝殼中拿出小玻璃瓶，裝了些藍色的水。

「……那些水是什麼？」

「從海底湧出的藍墨水噴泉。這種天然的藍墨水最棒了。」

說著，語詞水母把鋼筆拿了過來。是那枝鑲了珍珠、很有年代感的鋼筆。

「這枝鋼筆呢，是我國中時遇到的那位海龜叔叔送我的。好像已經有百年以上的歷史了。」

接著，叔叔將小墨水瓶和鋼筆交給我。

「章魚次郎，去寫吧。試著用這枝鋼筆持續書寫吧，直到遇見另一個自己為止。因為這傢伙一定會成為比貝殼機更好的夥伴。」

「咦？不，這麼貴重的東西……」

「不要緊的。當你遇見另一個自己之後，再把它轉送給其他人就好——未來那個需要書寫的某個人。」

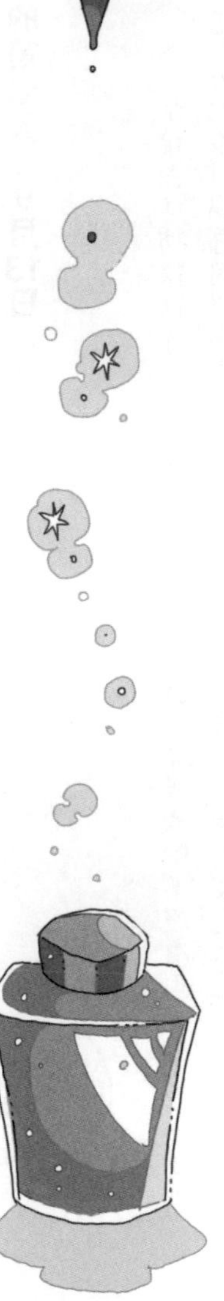

章魚次郎的日記

約定的第七天　9月13日（三）

今天一早就去拜訪叔叔了。因為我覺得必須告訴他並討論有關被鯨魚同學拍到的那張照片，還有今後的事。

立牌上所寫的那個「可疑人士」，的確是叔叔沒錯。不過，那只是因為大家不認識叔叔而已。就算是爸媽，或是蟹江老師，要是去到國外，走在路上時也一定會被當成可疑人士。

其實這裡原本想寫些在海底和叔叔討論的內容。想寫下關於寫日記的意義，還有那枝我得到的鋼筆。可是實在發生太多事了，現在我的腦子一團亂。

和叔叔聊完，回到公園、搭上公車後，我打開貝殼機。沒有未接來電也沒有簡訊。群組聊天室裡的未讀訊息有五百則以上。我根本沒辦法一一讀完。

打算暫且全都設定為已讀，正要啟動APP時，「爆紅」這個詞突然進入眼簾。爆紅？

「哇塞，這下可是大爆紅耶。」
「情況會變成什麼樣子啊？」
「真的有可能會被抓喔。」
「鯨魚同學也太厲害了吧！」
「粉紅色的殼超可疑的（笑）。」
「章魚次郎還活著嗎？」

524則未讀訊息

鯨魚同學把我和叔叔的照片上傳到社群媒體了。不但刻意跟通緝照片並列，還以「在海底市民公園發現被通緝中的可疑人士？」的標題發送貼文。現在，那則貼文掀起熱議。

拿著貝殼機的手在顫抖，心臟怦怦狂跳。一看留言，好多都是謠言。像是「這個寄居蟹是綁架犯」「每到一個地方就把小孩拐走」「跟他走在一起的章魚現在也失蹤了」「他旁邊那個章魚也是共犯」「他把綁來的孩子賣給了鯊魚黑幫」……充滿離譜的謊言。

公車到站、下車之後，我突然想到：乾脆打電話給鯨魚同學好了。我想直接問他，為什麼要做這種事？對我有什麼不滿嗎？要怎樣才肯刪除那張照片？來電紀錄裡的第一個號碼，是我第一次遇見叔叔那天的陌生來電。這麼一說，那通電話究竟是誰的？看起來不像蟹江老師，也不是媽媽或學校裡的任何人。如同被鯨魚同學偷拍那樣，總覺得似乎有誰在監視我；在我不知道的地方，好像有什麼討厭的事情正在發生。

一回到家，媽媽已經先回來了。媽媽並不知道我今天沒去上學。

「你回來啦。好早喔。」

「嗯。」我只應了一聲，就往自己房間走去。要不了幾天，媽媽應該也會看到那張照片，還可能會問我一大堆問題：「那個寄居蟹是誰？」「你為什麼在公園裡？」「你們一起做了什麼？」我心想：鯨魚同學，看看你幹了什麼好事，你這個笨蛋。

叔叔的鋼筆，有點難寫。

約定的第八天　9月14日（四）

說起來，從我第一次開始寫日記到今天，正好滿一個星期。

起初連自己能不能撐得了三天都不知道，現在卻毫不厭倦地繼續在寫。想必也是因為跟叔叔，以及烏賊同學有約定的緣故吧。

早上到學校，一打開教室的門，飛魚同學突然高聲大喊著：「哇！事件重要關係人出場了！」然後撲了過來。鯊魚同學和其他男生也接著說：

「你這傢伙，到底在市民公園幹嘛？那個寄居蟹又是怎麼回事？」

我告訴他們，因為公車搭過站，所以直接去了市民公園。跟我一起的叔叔也不是什麼可疑人士，只是湊巧在公園遇到，我連他的名字都不知道等。這些都是認真的，沒有一句謊話。

「欸——不過你看起來倒是一臉聊得很開心的樣子啊。」

鯙魚同學從一旁露出臉來。鯙魚同學緊靠著鯊魚同學，飛魚同學也順著他的話：「就是說啊！鯙魚同學你看到了對吧？」看來鯙魚同學似乎靠著這張照片在小團體裡升格為正式成員了。總覺得這一切突然變得像兒戲般，荒唐幼稚。

「你也錄了影嗎？」

對於我的提問，鯙魚同學一時不知所措。「應、應該是我在問你問題吧！」

他張牙舞爪地大吼，因為他想用言語暴力來模糊焦點。通常像這樣被大家團團圍住的時候，河豚子同學或斑鯱子同學那些女生都會用鄙視的眼神看著飛魚同學；不過今天一整天，她們倒是對我投以異樣的眼光。

放學回家的路上，我去了醫院探望烏賊同學，因為要把這週的日記交給他。不只是讓他當場看而已，而是要全部交給他。為此，我給他日記的影本。雖然有些麻煩，不過我認為自己應該那麼做。我希望烏賊同學手上有完整的一份。

才經過醫院服務臺，就聽說烏賊同學在復健室裡。由於復健室只有病患才能進去，所以要我在病房等他回來。

空無一人的病房裡，隱約有一股消毒水的味道。

病床旁邊的桌上，除了我帶給他的書，還放了課本、筆記和醫院的宣導手冊。我坐在椅凳上，隨手拿起桌上的國文課本。沒什麼特別的理由，就只是那樣拿了起來。

「喔，你來啦！」

原本就一直開著的病房門口，烏賊同學拄著拐杖站在那裡。

我將課本放在床上，才走了過去，烏賊同學便拉住我說：「你看過了？」

「啊？什麼？」

「你看了嗎？」

烏賊同學的視線看向桌上，又問了一

次。為了沒經過同意就翻看他的課本，我向他道歉，不過他所說的好像不是課本。

烏賊同學沒再說什麼，就那樣往病床方向走去，輕輕嘆了一口氣。

「唉，反正也無所謂了。」

烏賊同學在床上坐了下來，使了個眼神要我也坐下。

「剛才我問過護理師，聽說不用再動一次手術了是嗎？」

為了緩和尷尬的氣氛，我換了個話題。但感覺有點太刻意，結果只是讓兩人顯得更尷尬而已。

「……再半年嗎？」

烏賊同學突然嘟噥著。

「咦？不是下週就可以出院了嗎？」

對於我的回答，烏賊同學用一種無言到極點的表情說道：

「吼～不是啦，你這個笨蛋。我是說距離我們畢業還有半年啦！」

今天的烏賊同學，不知道為什麼，一直顯得很煩躁。

「好久啊——接下來這半年。」

「什麼意思？」

「……日記，你帶來了嗎？」

我連忙從書包裡拿出影印好的那一疊。在窘迫的氣氛壓力下，我完全忘了日記這回事。

「這個，到昨天為止總共一個禮拜的日記。只是不知道你會不會覺得有趣就是了。」

烏賊同學收下後，啪啦啪啦一邊翻著，一邊說著「我晚點再看」。

「你不希望我當著你的面讀吧？」

「呃……嗯。」

接著，他把那一疊影印紙放在桌上，又開始喃喃自語：「什麼嘛，原來真的沒看過。」

「看什麼？」

「這個啊。」

說著，他拿起桌上的藍色筆記本。

「我也決定要寫了，日記。」

啊？我大吃一驚。烏賊同學寫日記？

「不過我的完全是只寫給自己看的。有一半以上都是復健的紀錄，並不打算給你看喔。」

「可是為什麼要寫日記？」

「聽了小章的話，我才恍然大悟，而且也很認同。覺得不論是復健，還是到畢業為止的紀錄，都還是要寫下來比較好。」

想必烏賊同學上了高中也打算參加足球社吧。復健的內容還有醫囑等，如果記錄下來，將來念高中時應該也能派得上用場。我覺得，雖然和我的日記種類不同，卻十分符合烏賊同學個人的風格。這種好像有人作伴的感覺，很開心。

只是話又說回來，烏賊同學到底為什麼那麼煩躁？做復健的時候發生了什麼事嗎？打算離開病房時，烏賊同學又說了一句：「可是啊，接下來這半年實在是好——久喔。」

約定的第九天　9月15日（五）

其實昨天我就知道了。

從醫院回家的路上，我已經找到了答

案。就像之前叔叔說的那樣，明明知道，卻故意裝做不知道；因為不想面對，於是視而不見。眼前鳥賊同學的處境、他出院後的事，還有他所說「半年」的意思，我刻意不去深入思考並置之不理。然而鳥賊同學卻堅定地面對現實。

放學後，一去到醫院，坐在病床上的鳥賊同學就對我說：「讀完囉。」他說的是日記。

「很有趣耶，很像透過監視器偷窺那間我不在裡面的教室。還有，讀到自己出現的部分時，雖然有種怪怪的感覺，但很有意思。對於自己是什麼模樣、別人眼中的我又是如何，我似乎有點明白了。」

「我沒寫什麼奇怪的事吧？」

「完全沒有。很有趣欸，真的。不論是原先早已料想到的事，還是我完全不知情的事，內容好多好豐富。你之後也要一直寫下去喔，也繼續跟我分享吧；至少到畢業之前的這段期間。」

「你上次說『半年好久』……果然是因為復健很辛苦嗎？」

鳥賊同學大大嘆了一口氣。

「你這個人啊，也太厲害了吧？能把日記寫得那麼好，卻連這麼一點小事都完全搞不懂。」

「咦？什麼？」

接著，鳥賊同學仔細地為我說明。

「下週就要出院了。但暫時得拄著拐杖，畢業之前也不可能參加什麼像樣的運動，所以一定會遭到鯊魚同學或飛魚同學他們的冷漠對待，搞不好還會被霸凌咧——反正自己身體不方便，也沒辦法反抗，那些傢伙一定會搞出些什麼事情。」

這就是鳥賊同學對我解釋的內容。

我真的嚇一大跳，不自覺提高了音量。難道是因為我的日記那樣寫，才讓烏賊同學有這樣的想法嗎？

「他們一定會。鯊魚同學已經在班上稱王了。而且對於他稱王這件事來說，最大的阻礙就是我呀。鯊魚同學和飛魚同學那群人只要把我逼到角落裡，他們到畢業之前就都可以安心了。雖然不想用這種說法，但是我認為他們會把我列入『章魚次郎小組』，當成笑柄。而且又剛好發生了寄居蟹叔叔的事——我也是有在看群組訊息的好嗎？」

「啊？霸凌你嗎？」

原來啊。那一大串，烏賊同學都看到了，我竟然都忘了。現在叔叔的事情怎樣都無所謂了。之前我一直沒問，不過其實有一件事無論如何都非問不可。

「烏賊同學，你對我的態度為什麼變得那麼和善？為什麼又突然開始叫我『小章』？而且還說要我跟你一起負責選手宣誓？」

「喔，大概是因為章魚和烏賊像是一家人？」

「拜託你認真回答！」

「在我心裡，小章一直都是『小章』啊。只是上了國中之後，好像幾乎沒跟你

說過什麼話。」

「可是，烏賊同學你對我……」

「那你當時又為什麼不接我電話？」

「電話？」

「你沒來學校那天，我有打電話給你喔。」

「咦？原來那是你打的？」

我躺在叔叔的貝殼上時，有個號碼撥了兩次電話給我。那個一直留在來電紀錄裡的第一個號碼，原來是烏賊同學打來的。

「你這傢伙，該不會根本沒把我的號碼存在貝殼機裡吧？」

我並不知道烏賊同學的電話號碼，也沒想過存進貝殼機裡。等我開始擁有貝殼機時，自認為彼此的關係已經斷了，當然也不可能直接找他要電話。

「……對不起。」

我覺得很慚愧，也很丟臉，眼淚一顆顆掉下來。我錯怪烏賊同學了，原來疏遠他的其實是我。

「沒什麼好抱歉的啦。我不也加入了飛魚同學他們的計畫，對你做了一些有的沒有的事？再說，最先來醫院探病的就是小章你，而且還自己一個人來。那時候我就覺得你好厲害喔。如果換成是我，一定做不到。」

「因為我很擔心啊……」

「所以我決定了。不論班上所有人怎麼想都無所謂，我要參加『章魚次郎小組』看看。」

烏賊同學對我笑著，揉揉紅了的雙眼。

「不過，接下來這半年真的會很辛苦喔。尤其是小章你，會碰到比過去更嚴重的霸凌，再加上寄居蟹叔叔這件事。關於那張照片，事情後來變成怎麼樣了？」

我告訴他，老師們還不知道。

飛魚同學和鱈魚同學雖然會來跟我說一堆閒話，但那則貼文已經沒什麼熱度了。順利的話，叔叔應該不至於被抓。所以我在想，明天要去找個新的貝殼，找個既不是白色，也不是粉紅色的貝殼。我對烏賊同學說了這些事。

「……不過啊，我是無所謂啦，但是烏賊同學你沒關係嗎？跟我在一起的話，會被大家當成笨蛋嘲笑，不要緊嗎？」我接著又說。

「所以只要寫日記就行了，對吧？寄居蟹叔叔不是說過，三年後再重讀一遍，全都會變成笑話。既然如此，只要勤快地撒下笑話的種子就可以啦，不論是半年還是三年都沒問題。這沒什麼啦，就跟我的復健一樣啦。」

「烏賊同學，你有自信三年後一笑置之嗎？」

「當然。」

烏賊同學昂首說道。

「不這樣的話，哪有辦法應付國中生活。」

成為
那一天

第 6 章

當日記「讀物」的

為何無法持之以恆？

「……烏賊同學真是個堅強的孩子呢。」

叔叔看完我的日記後，這麼說。

「嗯，是我引以為傲的朋友。」

我感到非常自豪，忍不住挺起胸膛。

「這樣啊。章魚次郎，雖然你當初說自己並沒有真正的朋友，但其實還是有的嘛。」

「嗯，我有。並不是『交到了』新朋友，而是從很久以前就有的、真正的好朋友。嗯，我也有這樣的朋友。」

「是啊，很棒的朋友。簡直令人羨慕呢。」

在公園裡，叔叔隱身在海草的茂密處。

他沒有再找我去白珊瑚或紅珊瑚之森了。是連出來走動都不方便嗎？「今天就到叔叔的屋子裡聊聊吧。」他對我說。「這間粉紅色屋子，你應該是第一次進來吧？」說著，然後對我笑了笑。

叔叔的房子依然比大海還遼闊。不過和之前不同的是，這間屋子開了好幾扇窗戶，光線透過玻璃照了進來。

「這次的房子有好多窗戶呢。」

「喔，說是房子，其實就是我的腦袋啦。或許是因為目前的狀況，讓我稍微將注意力集中在外面而有所警戒吧？畢竟不想錯失周遭的聲音動靜嘛。」

我在想，像這樣一直處於警戒狀態，應該很累人吧。都是因為被鱒魚同學拍到的那張照片，害我老覺得很抱歉。

「那麼，你的日記——確實用鋼筆去寫了呢，內容也越來越自由奔放了。你下筆的時候有刻意注意些什麼嗎？」

「嗯——並沒有。畢竟要將一分鐘內發生的事寫成

一個小時之類的這種寫法，對我來說還是很有難度。只不過，當初照片被鱒魚同學上傳到社群媒體時，我雖然很想寫些罵他的話，但後來下筆的時候，還是有把這些當成『過去那個當下的想法』去寫。」

「用這種寫法感覺如何？」

「好像有種……想說的話，還有情緒全部都停頓下來的感覺。如果是像平常一樣直接寫出『笨蛋笨蛋笨蛋』的話，我想，自己的情緒應該會失控吧？不過要是寫成『當時我覺得他是個笨蛋』，好像就會有種在這裡停頓下來的感覺，或者說，有種不會變得衝動的感覺。」

「嗯嗯，很好。還有呢？」

「再來就是，一想到不用把所有事情都寫下來，就覺得輕鬆極了。不必按照順序將從早到晚發生的事記錄下來，只要片段寫出『那個場景』或『這個場景』就可以，寫起來快樂多了。」

「喔喔——太好了。如果能依照跟烏賊同學的約定、一直寫到畢業的話，那就太好了。」

「照現在這樣，有辦法持續下去嗎？」

「這個嘛……目前為止，你有過什麼學東西的經驗嗎？」

「小學的時候學過幾樣：珠算啦，鋼琴啦，還參加過室內足球。」

「持續了幾年？」

「才沒有『幾年』。鋼琴只學了半年，室內足球也只參加過三次就沒去了。一直學到畢業為止的，只有珠算。」

「為什麼只有珠算能繼續學呢？」

「嗯……可能是因為跟我的個性很合？」

「我呢，是這麼想的：打算持續進行某件事情時，在後面支撐著我們的，或許就是那種『確實有所成長的感受』。」

「確實有所成長的感受？」

「對。跟上個月的自己相比，『會做的事』稍微多了一些；跟上禮拜的自己相比，又變得更厲害一點點；昨天辦不到的事，現在做得到了。說不定正是因為有這種『確實有所成長的感受』，才有辦法持續下去。」

的確，關於當時的鋼琴和室內足球，我完全感受不到自己有進步。不論反覆練習了多少次都沒進展，心情也變得浮躁、厭煩。另一方面，珠算則越來越有成果，既參加了檢定考試，也拿到獎狀。

「這感覺我懂。我的珠算的確是那樣沒錯。」

「就這一點來說，日記也是一樣，只要有『確實有所成長的感受』，就更容易持續下去，對吧？像是比之前寫得更好，或是寫得更開心之類的。」

「嗯嗯。」

「可是所謂的文章，很難以讓人確實感受到自己成長。它不像鋼琴，沒有那種『學會了這首曲子』的判斷方式，也沒有像珠算那樣的檢定考試，更沒有足球的靠得分決勝負。而且日記只有自己會看，不會有其他任何人給你稱讚或幫你打分數。」

「所以大家的日記才會無法持之以恆？」

「這應該是很大的一項因素吧。因為得不到任何反應，只是一個人不斷埋頭在寫而已。」

「這樣的話，我也不可能持續下去的啦。因為不會確實感受到成長啊。」

「不，我認為沒問題喔。因為章魚次郎你呀，應該已經知道如何持續下去的答案了。」

「什麼?!」

「我們一開始不是就約定過了嗎？就是總而言之『先寫十天看看』。這就是我的答案。」

什麼才叫「相互理解」？

「寫十天就是答案？」

「你的日記，目前寫到第九天了吧？」

「嗯，今天晚上寫完的話，就達到約定好的十天目標。」

「那麼，也許等你寫完的那一刻就會懂了。總之，先寫寫看吧。只要寫了，就會知道。」

叔叔似乎不打算再多說什麼。明明是他自己先提起這個話題的，這樣豈不是太沒誠意了？

「哎呀……看起來不太滿意的樣子喔？」

「那當然！就像擺在眼前的點心突然被端走了一樣，明明我已經準備要大快朵頤了欸！還有，像剛剛那種『只要做了就知道』的說法，我也不太喜歡。之前還跟我說了一大套『選擇語詞草率急躁』的理論，我看叔叔你才是真的既隨便又偷懶。」

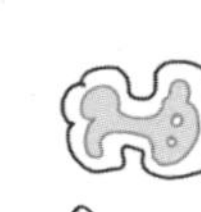
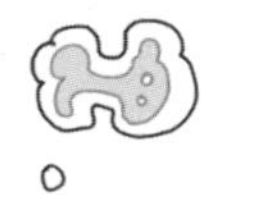

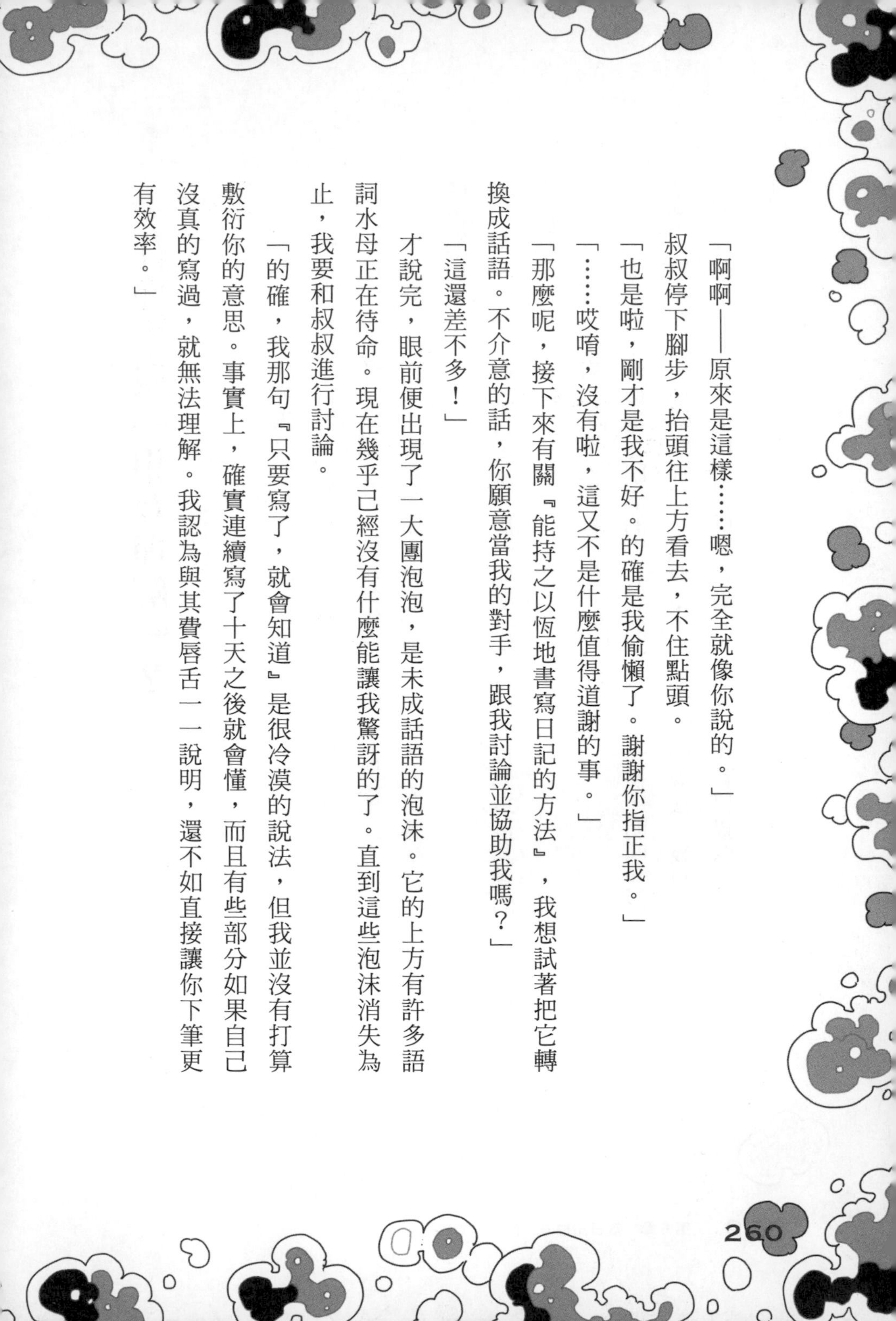

「啊啊——原來是這樣……嗯，完全就像你說的。」

叔叔停下腳步，抬頭往上方看去，不住點頭。

「也是啦，剛才是我不好。的確是我偷懶了。謝謝你指正我。」

「……哎唷，沒有啦，這又不是什麼值得道謝的事。」

「那麼呢，接下來有關『能持之以恆地書寫日記的方法』，我想試著把它轉換成話語。不介意的話，你願意當我的對手，跟我討論並協助我嗎？」

「這還差不多！」

才說完，眼前便出現了一大團泡泡，是未成話語的泡沫。它的上方有許多語詞水母正在待命。現在幾乎已經沒有什麼能讓我驚訝的了。直到這些泡沫消失為止，我要和叔叔進行討論。

「的確，我那句『只要寫了，就會知道』是很冷漠的說法，但我並沒有打算敷衍你的意思。事實上，確實連續寫了十天之後就會懂，而且有些部分如果自己沒真的寫過，就無法理解。我認為與其費唇舌一一說明，還不如直接讓你下筆更有效率。」

「嗯，我想也是。」

「問題就在於『有效率』這個想法。舉例來說，現在我們在對話，透過話語進行溝通並試圖互相理解。是這樣沒錯吧？」

「嗯。」

「不過呢，要達到這個目標，必須努力做到兩件事。」

「兩件事？」

「對。第一件事，是傳達者要努力『獲得他人理解』。為了得到對方的理解，傳達時要更仔細，選用的字詞和表達的順序都要簡潔明瞭。不論是對話還是寫文章，都不能缺少這樣的努力。」

「嗯。」

「然後另一件事，是接收者要努力『理解他人』。認真傾聽對方所說的內容，確實動腦思考，並且補足缺漏的字詞，以試圖『理解他人』。閱讀的時候也是一樣的道理。」

「啊──的確是。閱讀時要是心不在焉，任何東西都裝不進腦袋裡。」

「傳達者為了『獲得他人理解』所做的努力，以及接收者試圖『理解他人』

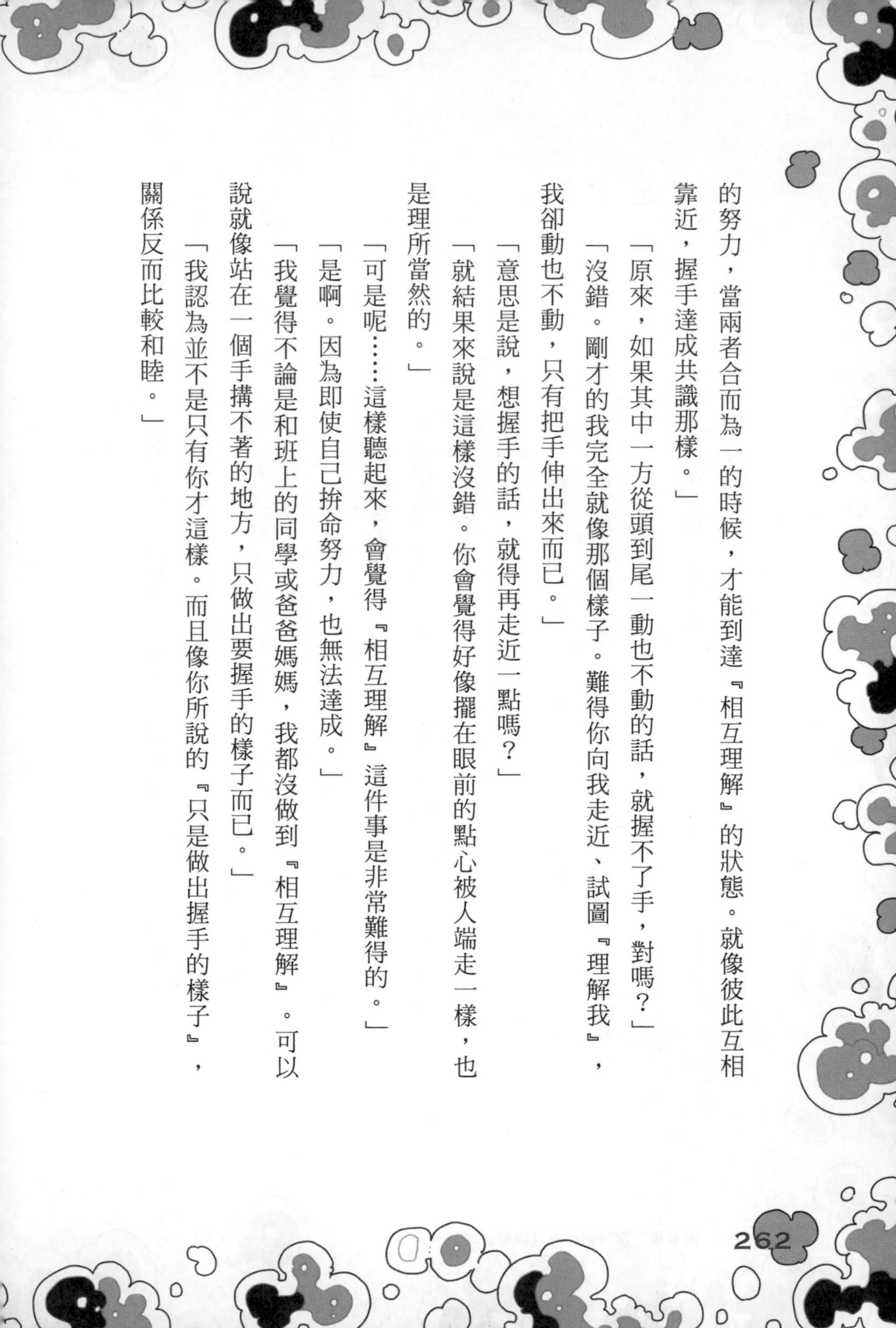

的努力，當兩者合而為一的時候，才能到達『相互理解』的狀態。就像彼此互相靠近，握手達成共識那樣。」

「原來，如果其中一方從頭到尾一動也不動的話，就握不了手，對嗎？」

「沒錯。剛才的我完全就像那個樣子。難得你向我走近、試圖『理解我』，我卻動也不動，只有把手伸出來而已。」

「意思是說，想握手的話，就得再走近一點嗎？」

「就結果來說是這樣沒錯。你會覺得好像擺在眼前的點心被人端走一樣，也是理所當然的。」

「可是呢……這樣聽起來，會覺得『相互理解』這件事是非常難得的。」

「是啊。因為即使自己拚命努力，也無法達成。」

「我覺得不論是和班上的同學或爸爸媽媽，我都沒做到『相互理解』。可以說就像站在一個手搆不著的地方，只做出要握手的樣子而已。」

「我認為並不是只有你才這樣。而且像你所說的『只是做出握手的樣子』，關係反而比較和睦。」

「『和睦』的意思是指？」

「比方說，假設對方現在並沒有打算『理解他人』好了。既不願意傾聽，更完全忽視別人所說的話。這時候，如果硬是設法『逼他給我搞清楚！』的話，只會演變成口舌之爭。因為吵架就是彼此都想『逼他給我搞清楚！』結果互相衝突的狀態。」

「原來如此！原來是因為雙方都想『逼他給我搞清楚！』才會造成激烈衝突。」

「因此，你如果找到一個能讓你自然而然地靠近、自然而然與他握手的人，或許就能稱他為『摯友』了吧！」

烏賊同學是摯友嗎？對烏賊同學而言，我也算是他的摯友嗎？「摯友」這個說法感覺有點沉重，不過，我和烏賊同學握手的模樣很自然地浮現在腦海。

「然後——」

叔叔鄭重其事地說：

「現在所說的這些，同樣可以應用在日記上。」

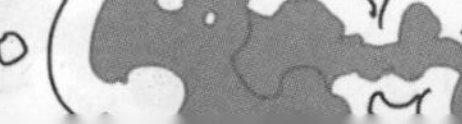
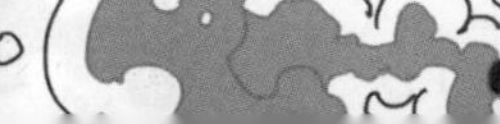

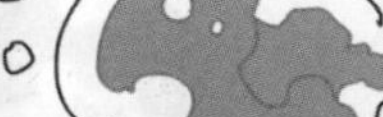

如果那裡沒有讀者

「應用在日記？關於摯友？」

「不是不是不是，是努力『獲得他人理解』的部分。目前為止，我已經跟你說過好幾次，『任何文章都有讀者』，對吧？即使是私人的日記或筆記，也一定都有讀者。」

「嗯，你說過。」

「關於這個說法，我想應該有很多部分難以理解。比方說，即使不給任何人看的日記，也會有『未來的自己』這個讀者。這個說法在道理上或許可以理解，卻很難切身感受得到。」

「……是啊。老實說，我也還不太懂。不過還好我的日記有叔叔和烏賊同學你們兩位讀者。」

「可是呢，假設真的有『沒有任何讀者的日記』，你認為會怎麼樣？換句話說，就是自己不會去讀，也不會有其他人讀，單純只是寫完後就丟在一邊。要是有這種日記的話……」

「嗯——我怎麼覺得大多數的日記都比較接近這種狀況……」

「這麼一來，就不會想『獲得他人理解』了。」

「……啊！」

「在日記的另一端，並沒有要閱讀它的那個對象存在。原本打算傳達自己感受的對象不在了，於是沒有必要費盡唇舌去『獲得他人理解』。結果就是日記變得非常草率零碎，單純只是為了發洩自己的情緒，就連流暢有條理的文章都不會存在。」

「這一點我非常了解！去年我也曾在筆記本上寫過一些像是『可惡』『臭大便』，或是『討厭所有人』『超討厭』『統統給我消失』之類發洩情緒的字眼。真的是亂寫一通，有好多根本成不了文章的句子……」

「如同你所說的，那正是『發洩亂寫』，所用的詞彙近乎暴力。有時候不光是用來譴責他人，也會責怪自己。」

「……嗯。」

正是如此。去年剛開始遭遇真正的霸凌時，我在筆記本上胡亂寫了好多發洩的詞語。光是寫下抱怨飛魚同學的內容還不夠，甚至還寫了「想消失不見」「想去死」「為什麼要身為章魚」……很多自責的話。

「不過，要是覺得日記的另一頭有讀者的話，應該會為了『獲得他人理解』而更努力吧？不過度受情緒控制，也不會要求什麼性價比吧？為了獲得別人的理解，所以我們會整理自己的情緒感受；為了獲得別人的理解，所以會仔細挑選用字遣詞；為了獲得別人的理解，會用較細的筆尖讓語詞更豐富多采。這一切，全都是為獲得『讀者』的理解。」

「……那麼，我們之所以要寫，就是因為『希望他人理解』？希望他人了解自己才寫的嗎？」

接過我所說的話，許多語詞水母鑽進漩渦裡，將未成話語的泡沫往上方搬運出去。

「好，我們離答案越來越近了喔。我們因為『希望他人理解』而寫。相對於『為何要寫？』這樣的提問，這是其中一個有明確答案的問題。」

從私密的文章到私密的讀物

我們因為『希望他人理解』而寫。

這麼一想，一直以來，我確實渴望別人能了解我。不論是爸爸、媽媽、蟹江老師，還是學校裡的所有人，我一直希望他們能了解我。了解我的存在、懂我的心情、知道我也有許許多多的想法。

「我說，章魚次郎，我們這麼『希望他人理解』的，到底是自己的『什麼』呢？」

「……理解我這個人，理解我的存在。」

「那麼，章魚次郎，你希望誰能理解你、理解你的存在？」

「大家。像是爸爸媽媽、飛魚同學、星鰻同學，還有蟹江老師。」

「還有呢？除了家人、老師、學校裡的同學，其他沒有了嗎？」

「……我不知道，或許吧。」

「我呢，在自己開始寫日記之後發現到一件事。我最希望獲得的，就是來自『我自己』的理解。」

「自己？」

「是啊。寫日記的是自己，讀日記的也是自己。既有個想『獲得他人理解』的自己，也有個試圖『理解他人』的自己；有個『想傳達什麼』的自己，也有個『想知道什麼』的自己。這就是日記有趣的地方。」

「兩個自己……」

「相互理解。也就是互相靠近、握手。」

「可、可是，我不懂這是什麼意思。你說自己跟自己握手，怎麼握？」

「剛開始的那幾天，日記是做為『私密的文章』，一頁頁增加。這段期間很辛苦，既感受不到成長、得不到稱讚，也拿不到分數。在沒有任何回應的狀況下，一個人面對日記本。但只要持續十天左右，它就會慢慢化身成為『私密的讀物』。」

「私密的……讀物？」

「對。原本應該是『私密的文章』，卻在不知不

覺間變成了『私密的讀物』。那是一本沒有任何人知道、世界上獨一無二的讀物。」

「……那、那意思是……變成像一本書嗎？」

「是啊。日記呢，不單純只是用筆去寫，而是要花費很長一段時間『培育』的東西。因此，只寫個一、兩天完全稱不上是日記，至少要連續寫個十天左右，才能勉強成為日記，才能當做心靈迷宮的那扇門來使用。」

「那麼，叔叔剛剛說的『先寫十天看看』……」

「就是這樣。今晚寫完日記後，你再回頭從第一天開始讀讀看。『私密的讀物』必定就在那裡。」

因為想讀後續而寫

日記不單純只是用筆去寫，而是要去培育的東西。

而且，最初以「私密的文章」為開端的日記，不久後便會化身為「私密的讀物」……感覺到了這一步，自己才終於明白「日記」這項神奇事物的真面目。

「……如何，能接受我說的話嗎？」

「嗯……我完完全全懂了。關於日記，我徹底明白了。不過呢，如果說有『寫日記的自己』和『讀日記的自己』這兩個角色，叔叔你現在到底是在『寫』日記？還是在『讀』日記？哪一個你比較厲害？」

「這個嘛，剛開始的前三個月左右，好像就只是埋頭一直寫，就是那種『因為想寫，所以才寫』的感覺；畢竟會寫寫朋友的壞話啦，寫些自己喜歡的漫畫讀後感，還有生活中的煩惱之類的。」

「嗯。」

「可是差不多過了三個月之後，感覺自己變成了『因為想讀，所以才寫』。現在完全就是這種狀態。」

「因為想讀……？」

「對呀。你想想看，能寫出自己感受的，只有自己；能寫出今天發生的趣事

的，也只有自己；能寫出今天想到的好點子的，更只有自己。是不是？我想讀讀這些事。姑且不論現在如何，但之後我想回頭再讀一讀。因為我知道這些將成為多麼珍貴的寶物。既然如此，就只能靠自己寫，只能持續不斷地寫。這是理所當然的。」

「之所以想讀，不是因為你可以寫得很好的緣故嗎？」

「不是不是，是因為『為自己而寫』這件事很重要。」

「為什麼？」

「翻看日記、回顧當時的自己，就可以看到裡頭寫下了『當時』的煩惱或喜悅，而且是幾乎讓胸口陣陣刺痛的煩惱。再怎麼說，那畢竟是個人的煩惱嘛。」

「……嗯。」

「然後呢，為當時那個苦惱的自己打氣：『加油，不要認輸！』像這樣隔著一段距離鼓勵自己；有必要的話，也可以像之前說過的那樣，換成『蝦虎五郎』試試看。接著，再翻看隔天的日記，裡面的自己也許更加沮喪，也或許已經開始採取行動、準備解決煩惱；當然也有可能是彷彿已忘記昨天煩惱的自己。那麼，再接下來會怎麼樣？再隔一天又如何？……你不覺得這跟某種情況很像嗎？」

「呃，什麼情況？」

「就像等自己喜歡的漫畫出新的集數，那種『想趕快讀續集！』『之後主角會變成怎樣？』的感覺，而且寫續集的那個人就是你自己。換句話說，只要經年累月地去書寫日記，我們就會成為這部日記的超級粉絲，進入『因為想讀後續而寫』的狀態。」

一切在遺忘之後才開始

「那麼叔叔為什麼要以十天為標準去劃分呢？不是三個月，也不是一年，而是十天。為什麼？」

「那個嘛，事實上當然是希望可以經年累月地持續下去啦，不過要是突然這樣說，也只會讓人感到遙不可及而已，對吧？不過認真說起來，一個星期又好像有點不太夠，所以大概還是要寫個十天，才足以做為培育日記的最基本天數。」

「為什麼？」

「因為只要十天就會忘記。」

「忘記？」

「對。大概經過十天左右，關於第一天的記憶就會變得模糊；當遺忘後的自己回頭再讀，日記就會成為『私密的讀物』。反過來說，連一字一句都清楚記得的昨天的日記，就算重讀，也不覺得有趣。不只無趣，甚至還會讓你想拿出橡皮擦擦掉重寫呢。」

說完，叔叔爽快地笑著，我也跟著笑了起來，同時在腦中回想第一天的事。第一天，我到底寫了些什麼？昨天的日記雖然還記得很清楚，但十天前的日記，確實已經記憶模糊了。

「……真的耶。十天前寫了什麼，我幾乎不記得了。」

「現在要回頭讀讀看嗎？」

說完，叔叔將日記交給我。

「喔，不了。我要好好等到今天晚上，把第十天的日記寫完後再看……不，說不定在運動會告一段落前，我都不會去翻。現在聽到這些話，讓我想試著忘掉更多東西。」

「是啊。『忘記』其實是一件非常好的事。我們都要繼續前進，接受新的事物，用新的記憶充實內心，並刪去陳舊的記憶。景色會流逝，記憶也一樣。那正是前進的象徵。」

不知為何，我竟有那麼一點點落寞的感覺。彷彿就要在此分道揚鑣似的，從此不會再見面，再度回到孤單一人的過去。那股寂寞就像冰冷的海水穿透胸口。

「……有一天，叔叔也會忘了我嗎？」

「那你呢？你會忘記叔叔嗎？」

「不，不會忘記。絕對不會。」

「既然如此，我就會一直在你心裡。而且，就算你忘了，我還是會在你的日記裡。九年級的這個夏天，我存在於這裡的事，在這個房間、在珊瑚之森、在深海裡，我們說過的話永遠不會消失……這樣應該就足夠了吧？」

「……嗯。」

「還有。萬一有一天，日記寫不下去了，或是你覺得寫起來很辛苦的時候，希望你打開這個信封。」

說著，叔叔遞給我一個上面繫著繩子的藍色信封。

「裡面寫了什麼？」

「就當做打開後才會知道的樂趣吧。這種說法，是不是也算有點敷衍咧？」

——就這樣，正當叔叔對著我笑時，在上方游動的青色語詞水母突然開始躁動、全部變成鮮紅色。整間屋子『嘎啦嘎啦』地晃動著，如同暴風雨來襲般，海水波濤洶湧。

「……來了嗎？」

叔叔站起身，看著我。

「章魚次郎，還來得及。你從後面的出口出去吧。我沒事的，動作快！」

章魚次郎的日記

約定的第十天　9月16日（六）

今天有好多事想寫。到現在心裡還有些激動。

首先，我在早上前往公園拜訪叔叔。要找出隱身在草叢裡的他，有點花時間。然後叔叔邀請我進入他的貝殼屋。

我的日記，到今天就要達成寫滿十天的約定了。關於寫日記持之以恆的祕訣，叔叔說：「只要寫個十天就會知道。」但當我提出反駁、覺得他這種說法很沒誠意時，叔叔竟然坦率地向我道歉。當面接受大人的道歉，這說不定是頭一回。

對話中，叔叔說：「因為想讀後續而寫。」還說只要我能持續不斷地寫日記，應該也會變成那樣。真的會有那麼一天嗎？我還不太能確定。

和叔叔的對話即將結束時，那些語詞水母突然變成了鮮紅色，還開始團團轉。那是警戒的顏色，不，是危險訊號！

叔叔叫我馬上離開。雖然我說要跟他一起留下來，但他帶著有點嚇人的眼神說：「不用，你趕快走！」

現在回頭想想，就算跟他一起留在那裡，我也什麼都做不了。當時我順從語詞水母的指引，從貝殼的另一側離開了。

躲在草叢、往廣場方向看去，一些警察戴著別有徽章的帽子，手裡還拿了個大網子在巡邏。

有鯊魚、石斑魚、鱈場蟹；石斑魚旁邊也有河豚游來游去。

這些警察一個個看起來都很高大強壯的樣子。這根本不可能打得過吧！

「章魚次郎，快逃！」

從貝殼的縫隙間，傳來叔叔耳語般的聲音。

不，我並沒有做什麼壞事。

雖然我蹺過課，但是說到為叔叔洗清罪名，我責無旁貸。

我躲在叔叔身後，緊盯著警察們的一舉一動。

嗶嗶——！

上方突然傳來警報音。

「西邊草叢發現粉紅色貝殼！請求緊急支援！」

一看，水母警察出現在上方高處，那是語詞水母無法與之相比的巨大水母。

「叔叔，抓好了！」

我也不知道自己為什麼會那樣做——

我將叔叔連殼一起抱在懷裡，就這樣往外游了出去。

「章魚次郎，放手！讓我下去！」

無視叔叔的叫喚，我瘋狂地往前游。

究竟要游去哪裡才好，我毫無頭緒；而且就算這樣做，說不定還是馬上就會被抓到。儘管如此，我依然拚了命地游。

「喂!!」

「不許動！」

「給我站住！」

遠方傳來許多叫喊聲。

原本就已經很不擅長運動了，這樣抱著叔叔游泳更是非常吃力。

而且其中還有鯊魚警察，一定會被追上的。因為逃亡而被逮捕，對叔叔來說也許非常不利。

我到底在做什麼？

是不是該放手了？

已經做到這個地步了，叔叔應該會懂吧。

就在我閉上眼睛的那一刻，叔叔突然變輕了。

怎麼回事？我張開眼睛，大叫出聲。

「哇——你們？」

叔叔的貝殼閃耀著青色光芒。

被一團柔和的光暈包覆著。

原來是幾十隻語詞水母從屋子裡衝出來扛著叔叔，遮住粉紅色的貝殼，和我一起游動著。

語詞水母彷彿知道去路似的，改變方向後，極為快速地向前游去。

之前叔叔說過，生來就是為了運送話語泡沫的這些語詞水母並不會說話，這是唯一令人感到遺憾的。不過我想，他們應該聽得懂我的話。

眼前，已經看得到紅珊瑚之森。剛剛一直在後方追趕的那些警察，現在也已聽不見他們的聲音了。接近森林上方時，我做了個決定，並對語詞水母們大喊：

「大家都放手！」

語詞水母們同時散開，我也放開了叔叔。

當叔叔很緩慢、宛如慢動作播放般開始往下掉時，我一鼓作氣地對著他噴出墨汁。

這應該是水母們第一次看到墨汁，吃驚的他們慌亂地游動著。

叔叔原來的粉紅色貝殼被染得黑漆漆的。不是白色，也不是粉紅色，是全黑的寄居蟹。這樣，應該可以逃得掉吧。我第一次為了自己生為一隻會吐墨汁的章魚感到慶幸。

叔叔從貝殼中露出臉來。

「謝·謝·你——」

海水流動得太快，我聽不見叔叔的聲音，但看到他的嘴形，我明白了他的意思。也許是因為感到放心，語詞水母們一一回到叔叔的貝殼裡。接著，一身漆黑的叔叔降落在好深好深的紅珊瑚之森。

我急速下降到海底。

「等一下！在哪裡？到底跑哪裡去了！」

我的頭上，那些把我們追丟了的警察正在怒吼。就這樣，我頭也不回地回家去。回到自己應該回去的地方。

尾聲

事件後來的發展意外的簡單。

在那之後，搜尋叔叔的行動雖然持續進行，但終究還是沒找到「粉紅色的寄居蟹」。

群組聊天室裡關於「可疑人士」的訊息漸漸變少了，在教室裡也很少再被問到有關叔叔的事。

不知道鯙魚同學到底有沒有加入鯊魚同學的小團體，他以一種令人費解的距離在鯊魚同學身邊徘徊。

我待在圖書室的時間增加了；不久之後，星鰻同學也加入了。

烏賊同學出院是在隔週的星期五，也就是運動會的兩天前。

聽說醫生建議他坐輪椅，但烏賊同學拒絕了。蟹江老師、班長竹筴魚同學和我一同前往醫院。

烏賊同學向我們簡單表達謝意後，搭上了他媽媽的車。坐在後座的烏賊同學看著我，輕輕點了點頭。

運動會當天。

烏賊同學並沒有參加開幕典禮的運動員進場。他和保健室的水針魚老師一起待在醫療用帳篷，觀看我們繞場。

我偷偷瞄著烏賊同學，想跟他確認一下，沒想到正好跟他對上眼。烏賊同學露出淡淡的微笑，彷彿在說：「交給我吧！」

家長會會長和校長致詞結束後，就是選手宣誓了。

被叫到名字的我，游到校長面前。

另一邊，烏賊同學拄著拐杖慢慢往我這裡前進，經過之處宛如摩西分紅海似的，老師們都自動往兩旁站開。

烏賊同學一步步往前走時，我可以感覺到家長觀禮區所有人的目光都集中在他身上。

總算走到我身邊的烏賊同學，連喘口氣的時間都沒有，隨即小小聲跟我打了個暗號：「預備——」

「宣誓！我們——」

「海、海底中學……全體學生」

「感謝平時一直支持我們的家人、師長」

「也為了能、能參與、體育活動……將滿懷喜悅」

「全力以赴」

「展現中學生、堂、堂堂正正的精神」

「不屈不撓參與競賽，直到最後一刻」

「謹誓！」

所有老師起立，家長觀禮區的大人也全都起立，同時為我們鼓掌。我全身發燙，回頭望向班上同學所在的位置，班上的女生看著我，做出無聲鼓掌的手勢。

當我既興奮又開心地跑步入列時，總覺得有那麼一瞬間，從家長觀禮區的縫隙中看到黑色貝殼。又黑又大的貝殼，慢慢遠離操場。

星期一補假，公園裡沒見到叔叔的身影。海草叢裡崎嶇的礁岩陰暗處也找不到叔叔的行蹤。最後總算在白珊瑚之森旁邊看到了黑色貝殼，但也就只是個殼，感覺不到叔叔的存在。翻身潛入殼裡，那個比大海遼闊的空間也不存在。

我有種「早就知道會這樣」的感覺。

打從在屋子裡對話的時候開始，還有我們從前往森林、面對面聊天的那一刻開始，我似乎就已經知道會有這個結果了。所以意外地沒有掉淚。只不過，真的很想跟叔叔再多說一些話。希望他能完整讀完我第十天的日記。

從白珊瑚之森一回到公園，就發現草叢裡有個似曾相識的光影在晃動。原來是語詞水母。是第一天引導我進入叔叔貝殼裡的那個小水母。小水母看似開心地繞著圈圈，開始再次指引我往某處去。

小水母帶我去的地方是一所廢棄的小學。

在我們畢業的隔年，這所小學就廢校了。久違了的校舍已經十分老舊。在小水母的引導下，我來到過去曾和烏賊同學同班的六年二班教室；一走進教室，就看到黑板上畫了一幅很大的畫。

「這什麼啦！吼——真是的！」

笑出聲的我，突然間熱淚盈眶。

用這樣的方式道別，也太愛耍酷了吧。我蜷著身子啜泣，小水母則溫柔地摸摸我的頭。

「……謝謝你。真的，謝謝。」

小水母什麼也沒說，只是漸漸變得透明，就那樣消失不見。

上了高中的我，現在仍然每天持續寫日記。在那之後已經三年了。

要說因為書寫而改變了性格嘛，或是朋友變多了之類的，其實並沒有。我並沒有想改變。現在這麼一想，我呀，就是想喜歡自己原本的樣子。透過持續書寫日記，現在似乎有那麼一點作用了。我之所以持續不斷地寫，是因為想讀後續而寫；如果到這裡就停下來的話，實在太可惜了。這種每天期待後續發展而捨不得結束的日子竟然會到來，是當初完全料想不到的。

叔叔已經不再讀我的日記了。烏賊同學在升上高中的同時，也搬到一座有著大醫院的鎮上去了。

我每寫完一本日記，就會把影本寄送給烏賊同學。他雖然沒有回信，不過郵件沒有被退回來，我想應該是寄到了才對。寄到了就好。

從運動會結束後到國中畢業的這半年裡，發生了好多事——有好多簡直難以置信的事情發生。和我與烏賊同學在病房聊到的那段時日相比，這半年感覺上更長更久。

然後昨天，收到烏賊同學寄來的一個大信封。

裡頭所附的信中提到，他每次讀我的日記都讀得很開心、期待收到後續的日記，他的腳傷也已完全康復到可以再踢足球等。

那封信的最後寫著：

「我把當時寫的日記寄給你。願意的話，請你讀讀看。」

現在，我手上有一本略顯陳舊的筆記本，就是當年我在烏賊同學病房裡看到的藍色本子——那本讓他生氣地問我「你看了嗎？」的筆記本。

翻開烏賊同學的日記本之前，我重新讀了一遍國中時期的日記。我又哭又笑地，重新讀了一遍。

接下來，我打算翻開烏賊同學的日記。

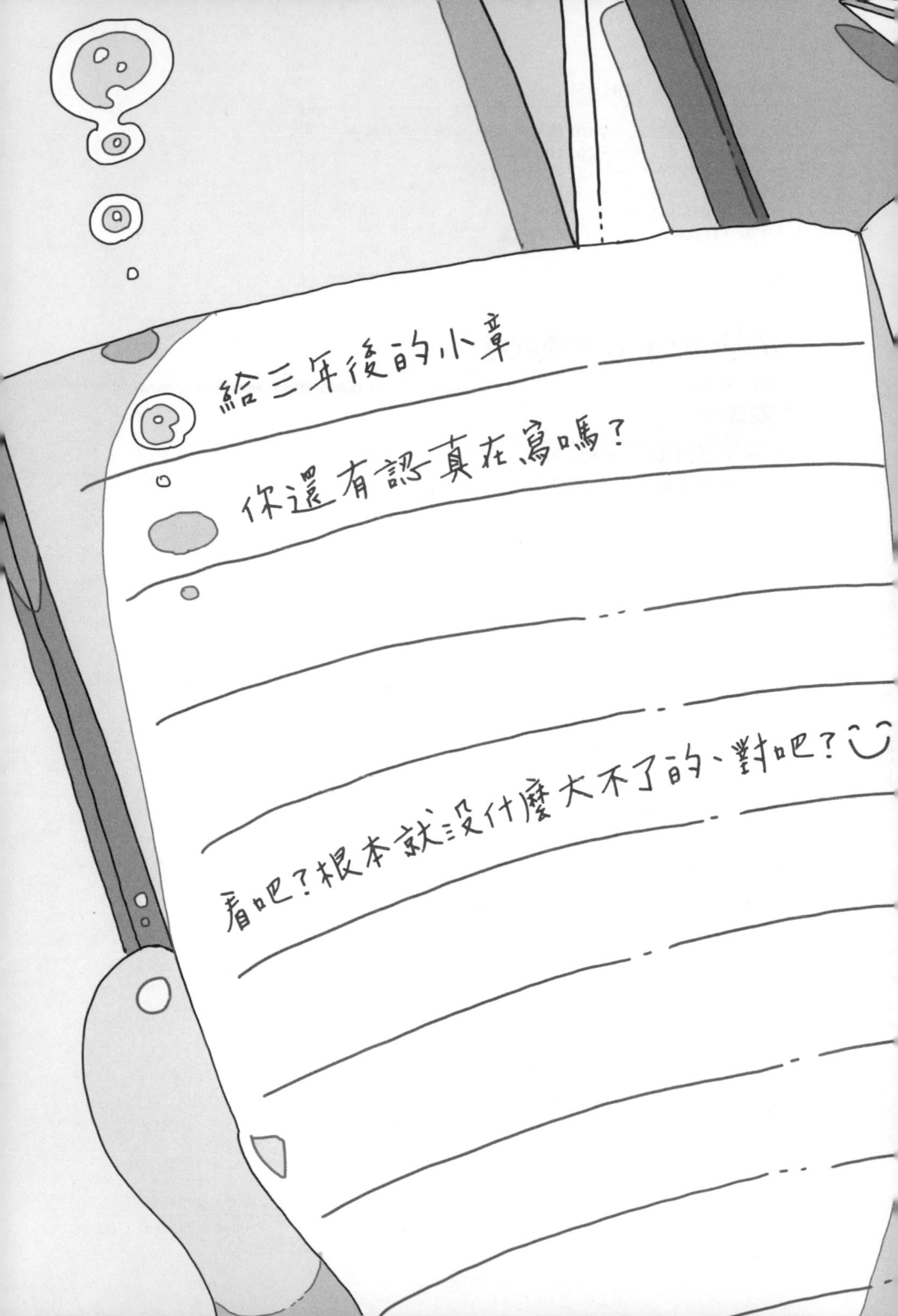
給三年後的小章
你還有認真在寫嗎?
看吧?根本就沒什麼大不了的、對吧?

國家圖書館出版品預行編目資料

在寂寞的夜裡提起筆／古賀史健 著，Narano 繪，葉小燕 譯
-- 初版 -- 臺北市：究竟，2024.06，
296 面；14.8×20.8 公分 --（第一本：123）
譯自：さみしい夜にはペンを持て
ISBN 978-986-137-444-4（平裝）
1. CST：自我實現　2. CST：自我肯定

177.2　　113004000

Eurasian Publishing Group
圓神出版事業機構
用心與你對話・視野無限寬廣

究竟出版社
Athena Press

www.booklife.com.tw　　reader@mail.eurasian.com.tw

第一本 123

在寂寞的夜裡提起筆

さみしい夜にはペンを持て

作　　者／古賀史健
繪　　者／ Narano
譯　　者／葉小燕
發 行 人／簡志忠
出 版 者／究竟出版社股份有限公司
地　　址／臺北市南京東路四段 50 號 6 樓之 1
電　　話／（02）2579-6600 · 2579-8800 · 2570-3939
傳　　真／（02）2579-0338 · 2577-3220 · 2570-3636
副 社 長／陳秋月
副總編輯／賴良珠
責任編輯／林雅萩
校　　對／林雅萩 · 歐玟秀
美術編輯／蔡惠如
行銷企畫／陳禹伶 · 鄭曉薇
印務統籌／劉鳳剛 · 高榮祥
監　　印／高榮祥
排　　版／陳采淇
經 銷 商／叩應股份有限公司
郵撥帳號／ 18707239
法律顧問／圓神出版事業機構法律顧問　蕭雄淋律師
印　　刷／祥峰印刷廠
2024 年 6 月 初版

定價 460 元　　ISBN 978-986-137-444-4　　

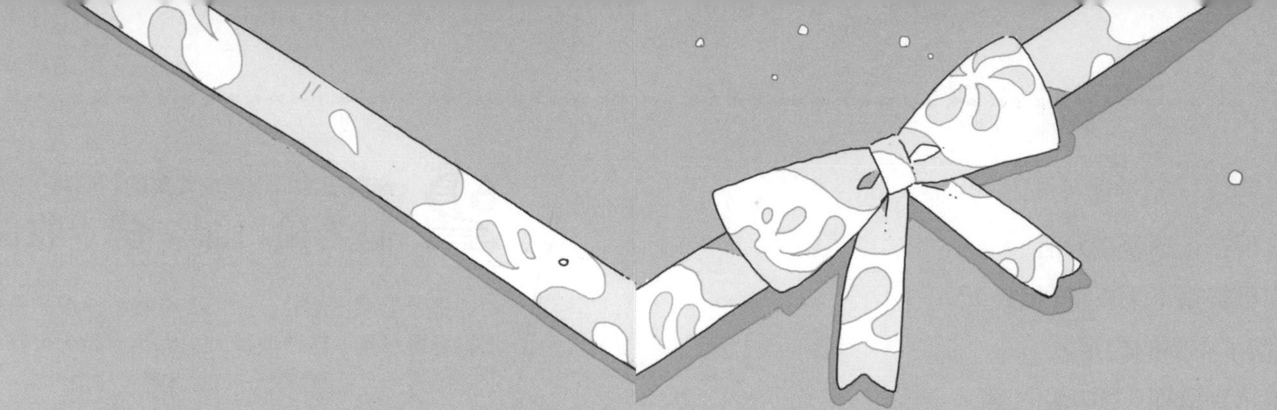

如果寫不下去了，

就把它打開吧！

此頁拆封不退

如果你現在正讀著這封信，

就表示你已經寫不下去了對吧。

「破壞了重要的約定。」

「好不容易堅持到這裡，卻功虧一簣。」

或許你正因此而感到沮喪。

可是呢，約定並不是一張「一旦撕毀就完蛋了」的紙片。

約定，是一種連繫。

停筆，也不過是那條約定的繩索鬆開了而已。

只要重新繫上就行。

因為約定的繩索，是可以一再重新繫上的。

在這裡，叔叔提供你三個「重新繫好繩索」的訣竅。

1 想不到要寫什麼的時候……試著寫寫看「無事可寫」的狀況

你應該也有翻開日記本，卻想不出該寫什麼才好的時候吧？這種時候，乾脆寫寫看「無事可寫」的狀況。接著思考一下：「為什麼無事可寫？」並回想當天的自己。

這一天，或許你一直在打電動。也可能是睡了午覺，無所事事、懶洋洋、悠閒地度過了一天，所以才讓你覺得沒什麼事好寫的。這樣的話，那天的你在玩什麼遊戲？為什麼會沉浸在遊戲中？那款遊戲的趣味在哪裡？為什麼讀書會厭煩，打電動卻不會？……像這樣繼續思考，要寫的東西應該就能浮現出來了。任何事都可以，只要動筆寫，腦袋就會開始運轉。之所以想不到要寫什麼，其實是因為「你沒動筆寫」。

滿腦子都是抱怨或咒罵的話語時……試著給日記一個「收件人」

提筆要寫日記時，如果發現腦中浮現的盡是抱怨和咒罵的字眼，不妨試著給這篇日記一個「收件人」；比方說，可以在開頭先寫下「謝謝你」。不必考慮太多，就隨意寫一句看看吧。這麼一來，就會很自然地想起自己想表達「謝意」的對象。也許是學校裡的朋友，也許是爸媽。接著，思考一下自己要針對什麼事情表達謝意，像是「謝謝你當時打電話給我」的感覺。然後，坦率地依自己想到的去寫，跟寫信一樣就可以了。當然，開頭的第一句可以是「謝謝」，可以是「對不起」，也可以是「因為是現在，我才能跟你說」，怎麼寫都可以。

不必害羞，為那重要的某人寫下「一直以來沒能說出口的話」吧。只要這麼做，內容既不會雜亂無章，也會讓你喜歡上這個「能將這些話說出口的自己」。舉個例子，就像這樣：

> 謝謝你。當時借給我的那本小說非常有趣。閱讀的過程中，一直覺得自己像是在另一個世界旅行似的；讀完後，也對自己竟能讀完一本這麼厚的小說覺得有點自豪。在那之後，我也開始不時閱讀小說了喔！尤其是不久前讀的那本，實在太有意思了。故事大概是這樣：沉睡多年的主角醒來的時候……

當每天持續變成一件苦差事時……只要先寫寫看「今天」的分就好

明明覺得已經寫了好一陣子的日記，結果根本連三個月都不到……下去，應該很難持續寫上好幾年……有時也可能也會像這樣覺得徬……

有目標是好事，不過太遠大的目標反倒有可能令人失去鬥志……要去考慮「持續寫個三年」或「不斷寫到畢業為止」這種遙遠的……著「先寫寫看今天的分就好」；到了明天，也是「寫今天的分」……還是「寫今天的分」。周而復始的「今天」造就了我們。就算有……也沒關係，空個幾天也無妨。不必回顧張望，重要的是「寫今……

好了，收起這封……

因為探險行動……